双重外部性下战略性资源企业技术升级的激励机制与政策体系研究
国家自然科学基金面上项目（71773029）
供给侧改革背景下分享经济协同消费模式的创新准入机制研究
教育部人文社会科学青年项目（17YJC790067）

双重外部性约束下中国可耗竭资源型产业的间接进入规制研究

李嘉晨◎著

Research on the Indirect Entry Regulation of Chinese Exhaustible Resources Industry under the Double Externalities

中国经济出版社
CHINA ECONOMIC PUBLISHING HOUSE
·北京·

图书在版编目（CIP）数据

双重外部性约束下中国可耗竭资源型产业的间接进入规制研究 / 李嘉晨著 .
-- 北京：中国经济出版社，2019.12
ISBN 978-7-5136-5068-7
Ⅰ.①双… Ⅱ.①李… Ⅲ.①资源产业-产业发展-研究-中国 Ⅳ.①F124.5

中国版本图书馆 CIP 数据核字（2019）第 233438 号

责任编辑　李煜萍　李若雯
责任印制　巢新强

出版发行　中国经济出版社
印 刷 者　北京柏力行彩印有限公司
经 销 者　各地新华书店
开　　本　710mm×1000mm　1/16
印　　张　13
字　　数　195 千字
版　　次　2019 年 12 月第 1 版
印　　次　2019 年 12 月第 1 次
定　　价　58.00 元
广告经营许可证　京西工商广字第 8179 号

中国经济出版社 **网址** www.economyph.com **社址** 北京市东城区安定门外大街 58 号 **邮编** 100011

前 言

长久以来，中国有很多不可再生的资源面临过度耗竭和生态环境污染两大难题。2001年中国加入世界贸易组织之后，随着经济的快速增长，这两大问题在各类可耗竭资源型产业尤其是有战略地位的资源型产业中不断加剧。中央政府及各级地方政府多次出台政策试图缓解和解决这些问题，取得了阶段性成效，但问题依然严峻。2016年1月习近平总书记召开中央财经领导小组会议，指出“管制放松是激发市场活力、激活企业创新的重要一环”。基于这一国家治理的新形势，同时考虑更有效率地解决上述两大难题，原有“一刀切”的管制政策难以为继，寻求新的治理模式势在必行。

从理论上来说，过度进入是造成可耗竭资源型产业出现外部性的根本原因之一。由于大部分战略性的可耗竭矿产资源在短期内寻找替代资源较为困难，经济快速发展伴随着很多矿产的长期过度开采，致使资源迅速耗竭，产生了代际使用不公的问题，形成资源的代际外部性。另外，准入机制的不完善无法限制小规模、低技术水平企业的进入，这些质量参差不齐的企业在资源开采过程中会对当地的土壤和植被产生破坏，引发空气污染和人员伤亡等问题。例如：瓦斯爆炸多出现在中小规模的煤炭开采企业；技术指标较低的企业违规排污的概率也高于更规范的大型企业。这是环境外部性的直观表现。

负外部性的出现为政府干预市场提供了前提条件。与原有直接管制相比，国有资本介入在很多国家被认为是政府进行间接规制的手段，其核心在于政府通过调整国有股权，间接影响企业行为，一方面可以更有效率地达到监管目标，另一方面可以减少政府直接对企业进行监管的成本。中国国有企业有较为特殊的发展历程，也拥有特殊的社会角色，因此中国国有企业国有资本的介入程度和作用发挥都比其他国家更加复杂。作为中国长期经济发展的“领头羊”，国有企业在中国当代经济改革中的重要性不言而喻，因此国有企业的混合所有制改革也是当下供给侧结构性改革最主要的对象。

中国国有企业的国有资本的介入比例较高，可以直接掌握企业的控股权，但其资本的职能是否包含政府对企业的有效监管，监管程度是否与资本介入程度相当，尚不明确。党的十八大报告指出，“要推动国有资本更多投向关系国家安全和国民经济命脉的重要行业和关键领域”，由此可见从国家战略层面来说，国有资本的角色目前主要在于引领行业发展，并在关键行业起到带头作用，同时实现间接的政府监管。

在供给侧结构性改革的背景下，可耗竭资源型产业中的国有企业既要做去产能、去库存、去杠杆、降成本、补短板的改革先锋，又要带头解决资源耗竭和环境污染问题。对此，能否通过国有股权的比例变动和职能改变来实现对这两类负外部性的治理，并在供给侧结构性改革中发挥作用，是本书研究的核心问题。

从资源配置的角度来说，代际和环境的双重负外部性导致资源配置容易出现低效率甚至无效率。因此，本书将在梳理中外文献的基础上，把两类外部性纳入产业组织理论的过度进入定理和进入规制模型中进行理论探讨和实证检验，以此验证国有股权在可耗竭资源型产业中的角色定位。在此基础上，结合双重外部性与产业组织的“结构—行为—绩效”（SCP）范式，考量开放经济背景下，可耗竭资源型产业的国有股权与产业绩效的关系和双向影响。进一步地，考虑到稀土资源战略意义重大，本书以稀土资源为典型案例，分析不同国有股权结构对产业发展的作用机制。最后，本书对中国的国有企业按资源属性进行了类别划分，区分了不同资源所属的国有企业类型和所有权，并在国际借鉴和比较的基础上结合产权、经济规制、社会规制提出了可耗竭资源型产业间接进入规制的设计意见和政策建议。

本书第1章为导论，第2章至第9章的简要内容及分析结论如下：

第2章，通过梳理中外文献，根据全书研究逻辑和框架，将文献依照“过度进入与社会效率”“负外部性与市场失灵”“进入规制与规制失灵”“产业结构与绩效关系”四大类别进行综述，在厘清国内外研究脉络的基础上，探究并评述本书研究中涉及的重点理论及实践应用现状。

第3章，较为全面地分析了中国可耗竭资源型产业的储量、成本、价格、外部性和对外依存度等基本特征，得到如下结论：①可耗竭资源型产业普遍存在储量不确定、资产专有性高、沉没成本较大等特点，且目前中国资源的储产比水平较其他国家的同类资源水平低很多，资源的产出量和实际储量的分布出现了非对称的情况。②以稀土为代表的战略性可耗竭资源的对外贸易量巨大，但毫无国际定价权和市场势力，低价出口不仅使战略资源大量外流，较直接的政府干预也容易引发国际贸易争端和能源安全问题。③可耗竭资源型产业的产权不明晰容易引发市场失灵和公地悲剧等问题，如果采用不合理的规制（如规制过度）会加剧双重外部性损失和资源配置无效率。

第4章，针对上述可耗竭资源型产业的特殊性和现存问题，运用规范分析，将外部性纳入传统的过度进入理论和进入规制模型，分别在企业数量外生和企业数量内生两种假设下，将增加国有股权比例（即国有化）作为一种间接进入规制手段，并验证其有效性。结果如下：①当过度进入和负外部性同时存在时，如果企业数量外生，国有化的有效性取决于外部性和进入门槛的高低，其中外部性成本越高，国有化越有效。②如果企业数量内生，国有化可以在相同产出量的基础上，减少私有企业的外部性成本，从而提高社会福利。进一步地实证检验了企业数量内生的情况，结果显示，在一定范围内的国有股权比例的确可以起到有效履行间接进入规制的作用，从而降低负外部性，提高社会福利。

第5章，由于中国可耗竭资源型产业的可持续发展受到代际外部性与环境外部性的双重制约，但产业组织理论中与此相关的“结构—行为—绩效”关系尚未将外部性纳入考量，因此本章测算了中国资源型产业的双重外部性，并结合第4章的实证结果，将双重外部性作为企业行为的因变量和影响绩效的自变量分别纳入“结构—行为—绩效”范式，构建了SCP-2E模型。实证结果如下：①中国资源型产业有着明显的周期性特征，且有些规模过大的企业没有突出自身的规模经济性，实现应有的效率水平；②目前企业绩效的提高，主要依赖于地区经济增长的拉动，但在用电量增速较快的地区，也伴随着较大的环境外部性损失，实证结果显示，这些地区暂时没有发现受到来自政府治理层面的刚性约束。由此可见，政府部门应加强资源开采权的审查，提高资源型企业的进入门槛和技术标准，适当鼓励企业在不增加生产投资和规模的前提下，通过技术进步和劳动效率的提高提升绩效，尤其是国有企业的改革力度重点应放在解决大型国企的低效率问题上。

综上所述，政府对可耗竭资源型产业的治理核心始终在于如何权衡经济增长与代际负外部性和环境负外部性的大小关系，如何避免为了发展经济而造成资源耗竭和环境污染加剧。因此，除了直接运用国有化的规制方式以外，在保证能源、资源安全的前提下，还可以适当扩大可耗竭资源的进口，逐步建立国家和企业的战略资源储备制度。这就需要进一步探讨开放经济条件下，存在双重外部性的可耗竭资源型产业的资源配置效率问题。

第6章，考虑到开放经济的条件，势必要考虑国内外价格因素的影响。进口和出口对可耗竭资源型产业的外部性成本和社会福利的影响有所不同。本章在静态比较分析的基础上，在前述SCP-2E结构范式下，加入进出口等开放经济因素后构建协整模型，得到如下结论：①国有化水平的提高，会显著减少可耗竭资源的代际外部性和环境外部性；②可耗竭资源型企业资产规模的扩大会显著增加可耗竭资源的代际外部性和环境外部性。具体到特殊产业，进出口只显著降低了黑色金属产业的外部性，对其他两类可耗竭资源型产业的外部性的减少作用并不显著。

考虑到国有化意味着直接增加国有股权的比例，虽然显著降低了双重外部性，但过高的国有股权又容易降低资本活力，出现企业的低效率问题，因此国有化作为间接进入规制需要权衡外部性与企业效率的动态变化。进一步地，本章分别将代际外部性与环境外部性作为门槛阈值，构建双重门槛效应模型，结果发现：①随着代际外部性的提高，国有化对资源型产业绩效的负面影响先下降，而后上升，意味着在较低的代际外部性和较高的代际外部性水平下，国有化程度提高对企业效率的负面影响较强，而代际外部性居中时，国有化对资源绩效的负面影响较弱，对外部性的治理效果较好；②随着环境外部性的提高，国有化水平上升对企业绩效的负面影响不断下降，这说明环境外部性越高时，越应该提升国有化水平。

第7章，考虑到战略资源的特殊性，本章以稀土产业为例，重点研究中国稀土产业的双重外部性、进入规制政策与国有股权结构等特征。结论如下：①从代际损失来看，南方稀土集中度低，平均规模较小，代际外部性较高，规制难度较大；②从环境损失来看，无论南北地区，稀土资源的开采均带来严重的土壤污染和生态破坏。1986年以来，日渐收紧的稀土政策在很大程度上限制了稀土资源的无序开采和双重外部性，但是由于规制一方的信息缺乏，政策出台与WTO的宗旨相矛盾，加之中央政府和各级地方政府之间的利益目标分离，均造成对稀土的规制效果“打折扣”，因此寻找基于市场准则的政府间接进入规制可以优化目前的治理结构。

第8章，本章通过对现有的国有企业进行类别划分，区分了不同类型资源型产业所属的国有企业类型和所有权，并在国际借鉴比较的基础上结合产权、经济规制、社会规制提出了中国可耗竭资源型产业进入规制的设计意见。

第9章为全书总结、政策建议、研究不足与展望。

值得一提的是，本书提出对国有股权赋予新的职能角色，一方面可以提高国有企业的经营效率，为国有企业混合所有制改革提供新的思路；另一方面政府可以通过国有股权比例这个间接渠道，履行一定的间接监管职能。通过调整国有化水平整合有限的不可再生资源，提高资源利用效率，促进资源的绿色发展和经济的可持续发展，为供给侧结构性改革助力。

目 录

第1章 导论

1.1 问题的提出

中国经济自改革开放以来实现了40余年的高速增长，但同时也付出了极大的资源代价和环境代价，未来的发展面临越来越强的资源短缺约束与环境恶化的挑战。在经济产业链中，大部分不可再生的矿产资源属于可持续发展的战略性资源，位于产业链的前端，在国民经济发展中占据重要地位；然而，这类产业在完全自由的市场经济体制下容易出现市场失灵的情况，最明显的表现是带来较为严重的负外部性。

第一类负外部性源于资源本身的耗竭性和过度开采。达斯古普塔和希尔（Dasgupta，Heal，1974）对耗竭性的经济学定义是："给定现有价格和技术条件下，资源使用有其必要性，且使用速度超过更新的速度。"这种耗竭性与资源过度利用之间的冲突形成了可耗竭资源型产业的第一类负外部性——代际外部性。还有一类更常见的负外部性表现为资源开采伴随的生态破坏和环境污染，这是该类产业的第二种负外部性——环境外部性。因此，考虑到多数耗竭性资源的替代品较为有限，为了实现经济的可持续发展和绿色发展，需要对位于产业链中上游的可耗竭资源型产业的运行机制、进入壁垒、企业行为等方面进行深刻反思。就目前而言，兼顾双重外部性的理论研究、实证研究和政策探讨，现有的成果还比较有限。

党的十八届三中全会指出，"全面深化改革的重点是经济体制改革，其核心问题是解决政府和市场的关系"；在中央政府的"十三五"规划中，也首次要求将环境绩效正式纳入政府考评。习近平总书记在党的十九大报告中对新时代的新征程做出总体部署，“美丽”一词首次出现在建设社会主义现代化强国的奋斗目标中，生态文明建设被提到新的战略高度。可以看出，解决目前中国经济发展面临的严峻的资源、环境约束问题已经越来越受到党和国家的重视。

中国的市场经济体系和法律体系尚未健全，很多方面还有待完善，因此容易在产业规制方案的制定和实施过程中出现政府管制过度，抑或管制不足。对于中国可耗竭资源型产业而言，管制不恰当带来的缺陷表现得尤为明显，中国分别在1999年、2001年、2009年对煤炭产业进行了大规模行政整合，包括关闭、整顿非法小煤矿，以及实施部分国有煤矿企业的政策性破产等。这种行政命令尽管在一定程度上迅速提高了煤炭资源的开采效率，降低了煤炭企业的安全事故发生率，但由于大部分的兼并重组是“债转股”的政府买单行为，而非市场行为，因而仍然遗留了很多问题，如煤炭资源的耗竭加快、环境污染的日趋严重，以及一些国有企业仍然效率较低等。这些问题成为遏制中国煤炭、铁矿石、有色金属等可耗竭资源型产业可持续发展的严重枷锁。

除了煤炭等一般矿产资源储量的迅速下降，资源配置的不合理还容易导致稀有资源的耗竭和流失。2013年发布的《中国的稀土状况与政策》白皮书（以下简称“白皮书”）指出，截至2012年，中国拥有稀土的储量占比已由1992年全球的60%跌至23%，意味着在20年的时间里，全球总量约40%的稀土资源已经从中国流出；更严重的问题是，中国作为世界排名第一的稀土供给大国，具有卖方垄断地位，却由多方面因素造成的供给过度，失去了国际定价权。白皮书中还有数据明确表明，2000—2010年稀土的价格涨幅仅有2.5倍，远不及黄金、铜等其他资源超过4倍的涨幅。中国早在1998年开始实施出口配额制度以减缓稀土流失的速度，但这种直接的政府干预频繁遭到美国、日本等国家的指责，2013年世界贸易组织（WTO）也以政府过度干预为由要求中国扩大稀土出口，开放稀土出口配额。商务部、海关总署公布《2015年出口许可证管理货物目录》，此后稀土不再属于配额管理范畴，而是被列为实行出口许可证管理的货物。至此，实施18年的中国稀土出口配额制度正式取消。这使得稀土出口的行政性限制被取消，国家对稀土资源的流失更难以掌控①。

经济增长方式的转型要求政府对产业的规制方式进行变革，单纯的、直接的行政干预可能会给日渐开放的中国经济发展带来一定阻碍。因此，合理的、基于市场经济原则的可耗竭资源型产业规制设计迫在眉睫。2015年中央政府提出国有企业的第二轮混合所有制改革，此次“混改”的特征是针对不同的行业，改革方向和目标都有所不同。就资源型产业而言，新一轮混合所有制改革尚无严格的学术论证，加之原有可耗竭资源型产业的规制方案存在一定不足，较难衡量能否实现社会福利最大化和经济可持续发展的长远目标。因此，要实现混合所有制改革的成功，解决可耗竭资源型产业的发展困境，政府规制方式需从依赖行政命令的传统途径，转向国际通行的基于市场机制的治理模式；同时需要考虑到战略资源本身的特性，如生产过程中的高风险、高污染等问题。

综上所述，本书的研究立足于经济增长模式转型及政府产业管理方式转变，基于双重外部性和开放经济的背景进行理论模型推演与实证检验，构建可耗竭资源型产业的进入规制体系，设计更合理的间接进入规制方案，解决这类产业的双重外部性问题，实现可耗竭资源型产业的可持续健康发展。这在短期至中长期都是有意义的。

1.2 研究内容与分析结构

基于上述问题背景，本书首先界定可耗竭资源的代际外部性、环境外部性、过度进入、过度竞争、有效竞争等概念，并通过梳理相关文献，确定研究路径及框架，全书具体包括以下五个部分。

1.2.1 中国可耗竭资源型产业的特征分析

明确相关概念后，首先需要分析的是可耗竭资源型产业的特征，包

① 资料来源：人民网，http://industry.people.com.cn/n1/2018/0307/c413883-29852390.html.

括储量、成本、价格、外部性、对外依赖等，具体而言：

（1）储量特征。中国虽为资源大国，但是经济的快速发展长期依赖资源密集型或资金密集型企业，从而出现很多可耗竭资源型产业的产能过剩，资源耗竭。一方面，过度开采造成中国的资源储量大幅下降；另一方面，很多资源大量、过度开采，造成下游市场的资源售价低廉，流失严重。

（2）成本特征。矿产资源的开采和加工都会面临很多不确定性问题，最主要的不确定性在于成本。例如，开采成本中，矿藏多处于地面以下，实际开采可能与前期探测的情况产生误差，增加开采风险；技术的更新换代也可能造成开采成本的跳跃式变化。另外，很多战略性资源和战略性能源都具有自然垄断属性，因此需要分析中国的可耗竭资源是否具有典型的成本劣加性。

（3）价格特征。资源型产业的过度竞争和过度投资造成资源的过度供给，不仅导致价格过低，还造成负外部性的增加，另外，对替代品的预期也可能引发耗竭资源出现“绿色悖论问题”。

（4）外部性及对外依赖问题。外部性是本书重点研究的内容，包括代际外部性和环境外部性，另外，开放经济下，对外直接投资和进出口贸易均会改变本国的双重外部性和企业的绩效，因此将进行综合分析。

1.2.2 双重外部性下的自由进入和社会福利

在深入分析可耗竭资源特征的基础上，该部分主要研究双重外部性和开放经济条件下的过度进入定理，构建进入规制模型。根据文献综述与前期研究，本书构建以下两个重要假设，并通过相应的理论模型进行推演。

假设1：存在双重外部性时，自由进入会降低社会福利。其基本逻辑是，可耗竭性和环境污染两个外部性特征要求企业进入需要满足一定条件的门槛，如环保技术和设备的强制要求，这些条件导致企业进入存在一定程度的进入成本，如果不设立合理的准入机制，自由进入则会导致重复建设、过度开采、低水平开采等，致使资源耗竭速度加快。

假设2：间接进入规制在一定条件下可以提高存在负外部性产业的社会福利。其基本逻辑是，一个有效的间接进入规制可以在维持总产出不变的基础上，减少企业的负外部性成本，从而保障消费者剩余不变，企业的绩效提高，进而增加整个社会的福利。

1.2.3 资源型产业的外部性测算和结构绩效关系的实证检验

该部分内容将基于上述理论分析构建相应的计量模型。

所用数据来源于中国可耗竭资源型产业位于中上游产业链的上市公司的面板数据，本书分别运用使用者成本测算法和条件估值法估算中国可耗竭资源型产业的代际外部性和环境外部性。具体构建的计量模型包括：

计量模型1：用混合效应模型和广义最小二乘估计检验企业行为（以产业集中度、市场份额等指标表示）与代际外部性、环境外部性、企业绩效之间的关系。在此基础上，加入间接进入规制变量，重点分析间接进入规制对外部性和企业绩效的影响。上述实证模型均添加固定资产净额、用电量增长率等指标作为控制变量。

计量模型2：加入可耗竭资源型产业的进出口数据，结合理论模型，研究开放经济下可耗竭资源型产业的间接进入规制与外部性和绩效的关系，验证国有化与绩效是否存在显著的长期协整关系。

计量模型3：构建双重外部性的门槛阈值，分析双重外部性是否对国有化和产业绩效存在多重门槛效应。该模型一方面可以进一步模拟和刻画理论模型，进而检验参数的稳健性；另一方面可以权衡国有化的优势（降低外部性）与劣势（减少效率），在两者之间做出平衡，找到最优的门槛阈值区间。

1.2.4 稀土资源行业的间接进入规制问题

稀土是典型的可耗竭有色金属资源，对国家的高新科技产业的发展而言具有重大战略意义，在目前乃至未来较长时间的经济发展中都起到至关重要的作用。目前，中国江西、内蒙古等稀土大省、自治区的资源开采均出现了稀土资源耗竭和环境污染等双重外部性的问题，因此本书将以稀土行业为典型案例，重点分析在开放经济环境下，面临双重外部性的稀土资源型产业如何进行规制的问题。具体包括目前的发展现状、规制政策、股权结构、国有化水平、绩效水平及进入规制建议。

1.2.5 中国可耗竭资源型产业的间接进入规制体系构建

中国目前的可耗竭资源型产业权配置制度改革是一项长期任务，需要分阶段进行推进。因此，本书的分析暂时基于现有资源产权安排不变的情况下，构建以进入/退出条件为核心的间接进入规制体系。

本书判断，进入/退出准则的建立及间接进入规制的结合，可以改善企业的微观经营，包括规模、资源利用率、安全投入、环境投入等方面，从而帮助政府实现有效的治理。因此，本书最后结合安全规制、环境规制，构建中国可耗竭资源型产业的进入/退出规制体系。本书以可耗竭资源型产业为例探讨国有企业混合所有制改革是对中国国有企业产权改革的尝试和探索，因此本研究也可以为其他行业国有企业的股权改革提供参考意见和相关政策建议。

1.3 研究思路和技术路线

1.3.1 研究思路

本书的主要思路如下：

（1）以过度进入定理、可耗竭资源理论等为基础，通过构建研究框架和理论模型，研究存在外部性条件下的自由进入与社会福利的关系，并与政府进入规制（非自由进入）情况下的结论进行理论比较。

（2）构建基于理论模型的多样化实证计量模型和以稀土产业为典型的案例分析进行经验研究，包括运用混合效应模型、广义最小二乘估计、协整分析、门槛效应检验、多因素方差分析等方法，深入探究可耗竭资源型产业存在过度进入后产生了何种效应，检验过度进入与外部性和企业绩效的关系，提炼重要影响因素，为政策体系构建提供依据。

（3）研究政府应该在何种产业、何种条件下引入间接进入规制，规制的强度如何，国有股权在政府进入规制中的角色定位如何，应该做哪些调整。

1.3.2 技术路线图

本书的技术路线如图1-1所示。整体研究分为四个部分：

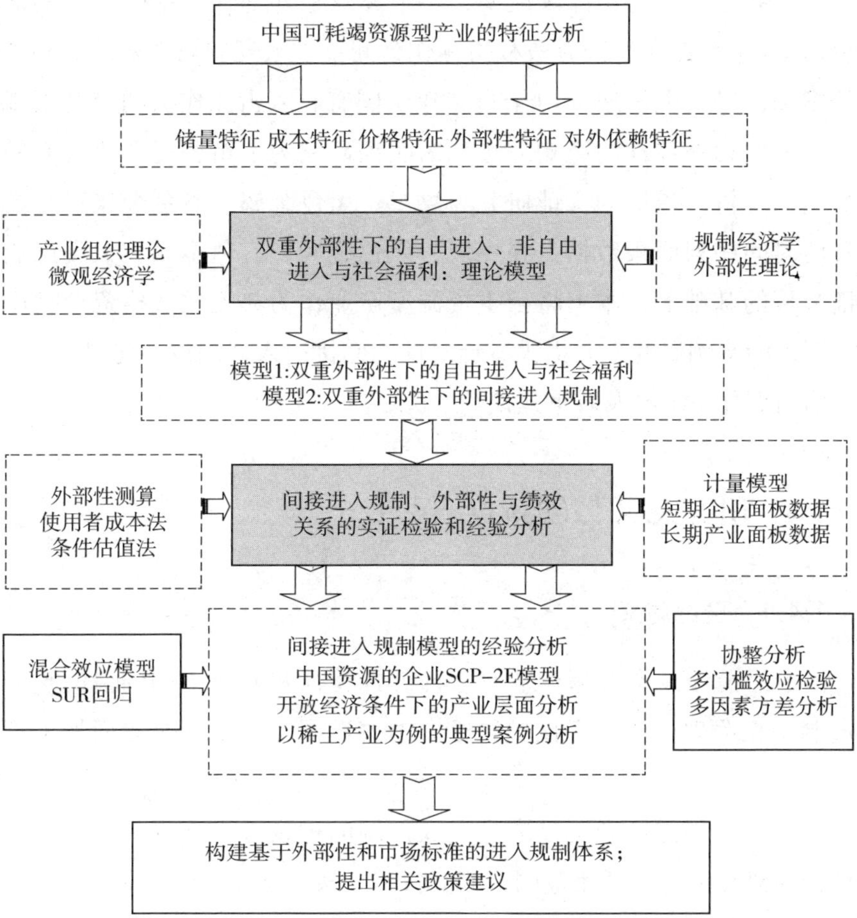

图1-1 技术路线图

第一部分为中国可耗竭资源型产业的特征分析，主要分析目前中国可耗竭资源型产业的储量、成本、价格、外部性、对外依赖等特征，为后文的研究奠定基础。

第二部分为理论模型，主要分为两个：第一个模型讨论考虑存在外部性条件下进入（沉没）成本与过度进入的逻辑关系；第二个模型讨论在企业数量内生和外生两种情况下，国有化作为间接进入规制对企业数量与社会福利的影响。这两个模型主要运用产业组织理论、规制经济学以及微观经济学中的外部性理论等。

第三部分通过构建计量模型，在估算双重外部性的基础上，实证分析短期（4个自然年）国有股权份额作为间接进入规制对产业绩效和外部性的影响；以及中长期（17个自然年）国有收入占比作为间接进入规制对产业绩效和外部性的影响。短期的实证研究为上市公司企业层面的面板数据的分析，长期的实证研究为煤炭、黑色金属、有色金属三个产业的月度时间序列面板数据。在煤炭、黑色金属、有色金属三大类产业的实证分析的基础上，本书将稀土资源型产业作为典型的战略资源型产业进行深入的案例研究，并提供有针对性的间接进入规制设计建议。

第四部分为结论及政策建议。

1.4 研究意义与创新点

1.4.1 理论意义

由于目前涉及资源型产业双重外部性特性和基于中国国情的政府进入规制的相关理论研究仍比较缺乏。本书试图在以下几个方面做出理论贡献：

（1）将负外部性和沉没成本引入传统的过度进入定理，拓展产业组织理论的研究范畴和适用范围，为间接进入规制提供理论依据。

（2）将外部性引入传统的进入规制模型中，找出不同外部性条件下，合理的间接进入规制强度。

1.4.2 实际应用价值

本书的研究努力将理论和经济实践相结合，在上述理论模型的基础上，运用中国可耗竭资源型产业的横截面数据和时间序列数据予以佐证分析，应用价值如下：

（1）探索中国可耗竭资源型产业的国有化程度及产业绩效，探讨国有化是否能够发挥间接进入规制的作用，为企业的股权结构调整提供借鉴思路。

（2）为政府相关部门对不同类型的可耗竭资源型产业提供有针对性的间接进入规制方案。

（3）为可耗竭资源型产业的发展模式转型提供建设性意见，尤其是为资源型国有企业的混合所有制改革和供给侧结构性改革提供可行性方案。

1.4.3 主要创新点

本书主要成果和创新点如下：

（1）研究对象创新。本书的研究对象聚焦于中国的可耗竭资源型产业，理论切入点是间接进入规制，这在现有的产业组织理论和规制经济学理论中是具有特殊性和创新性的。现有研究成果对该产业进入规制的引入依据和解决方案均较为有限，因此，本书的研究将进入规制理论应用在可耗竭资源型产业中，将抽象理论模型与产业实际经营相结合，并突出了对稀土产业的典型性分析，不仅可以为稀土产业提供针对性建议，而且可以为其他类似战略产业提供参考。

（2）理论创新。本书将通过理论模型的构建，将可耗竭资源型产业独有的特性——双重外部性与SCP纳入统一的分析框架，对现有的过度进入定理、进入规制理论、产业组织理论进行拓展，从而使得本书具有较强的针对性和理论意义。另外，对外部性的测度与实证分析，为外部性理论提供了新的思路。

（3）指标和计量方法创新。指标选取方面，本书选取的间接进入规制的指标分别采用“国有股权份额”和“国有企业收入水平占比”两种指标予以替代，这与以往大部分研究规制的指标选取不同，更贴近中国可耗竭资源型产业的实际情况。另外，以往文献中对经济周期的指标选取以“经济增长率”或“失业率”来反映。本书将“用电量增长率”作为经济周期的反映变量，一方面考虑到GDP的统计误差容易影响分析结果；另一方面考虑到资源型产业与用电量存在密切关系，能够更清晰地反映需求侧的变化。计量模型构建方面，本书采取了企业层面和产业层面相结合的分析方法，在数据有限的情况下，更加真实地模拟了国有化与绩效、外部性的关系。似不相关回归法和门槛效应模型的结合也能够较为准确地分析可耗竭资源型产业的双重外部性及其对间接进入规制与绩效的多重影响。

第2章
相关理论与文献述评

本书的研究涉及经济学中的三大知识体系：一是进入规制理论；二是微观经济学的外部性理论；三是产业组织理论。根据研究中涉及的理论、现象、产业特征，按照过度进入与社会效率理论、负外部性与市场势力理论、进入规制与规制失灵理论、产业结构与绩效关系理论及开放经济理论分别展开论述。

2.1 过度进入与社会效率

2.1.1 过度进入和过度竞争的界定

自从张伯伦（E. H. Chamberlin）摈弃新古典经济学“完全竞争”的假定，并提出“能力过剩”的问题之后，很多学者对竞争程度做了大量研究，提出一系列定义，如“过度进入”“能力过剩”“过度竞争”等。其中某一产业出现“过度竞争”被定义为某个产业中由于进入的企业过多，使许多企业处于低利润率甚至负利润率的状态（卡塞尔，1937）。贝恩（Bain，1968）认为，原子型市场结构、无障碍的过度进入、在过剩产能出现时企业退出太慢以及依附于产业的劳动力流动性差，是导致过度竞争的根本原因。由此，过度进入是过度竞争的原因之一。然而，如果新进入企业可以自由退出，即使过度进入，也不会引发竞争的“过度”；反之，即使没有过度进入，在寡头垄断的市场结构中，也会出现伯特兰竞争（Bertrand competition，如价格战）。因此，过度进入既不是过度竞争的必要条件，也不是充分条件，而是两个相对独立的概念。

进一步考虑到在可耗竭资源型产业中，过度进入即便不造成过度竞争，也会因重复建设导致资源开采的规模不经济和资源过快耗竭，因而本书使用过度进入的概念，主要为了强调政府的进入规制是对过度进入的政府治理，而非直接干预企业的竞争行为。

2.1.2 自由进入与过度进入定理

管制经济学理论中，新企业进入的条件主要有三个：经济条件（如设备投资）、准入条件（如特许经营权）以及政府经济管制（包括价格规制、产量规制、进入/退出规制及质量控制等）（维斯库斯，2008）。如果没有政府经济管制，则称为自由进入的情况[①]。

根据新古典经济学理论，自由进入有利于提高社会效率。然而，在某些特殊条件下，自由进入并不会产生社会合意的企业数量，从而导致社会福利的下降和效率损失。这种损失分为两类，其中一类文献认为，在垄断竞争市场中，自由进入可能导致进入不足（Spence，1976a，1976b；Dixit，Stiglitz，1977；Ghosh，Morita，2007a）；另一类文献则认为，自由进入会引发能力过剩（Chamberlin，1933）。本书主要关注自由进入导致的能力过剩的问题，因为这是中国可耗竭资源普遍存在的问题。

在具有高固定成本、规模经济性的同质中间品产业中，存在由于过度进入导致的社会无效率，这被称为过度进入定理（Mankiw，Whinston，1986；Salop，1979；Von Weizsacker，1980；Suzumura，Kiyono，1987）。二战以后，几位日本学者发现，新企业进入太容易是产业集中度低、亏损加剧和利润率低下的直接原因，因此，治理过度进入是日本20世纪80年代前后产业政策（如产业调整援助政策）的显著特征之一（Yoshihiko，1966；Taro komiya，1986，等）。鉴于过度进入的行为并不能通过市场机制自发改善，这就为此类产业的进入规制提供了依据（Matsushima，

① 此处暂不考虑社会性管制，因为后文对环境外部性的规制中考虑到了资源开采对社会安全的影响。

2006）。许多学者对医院、广播电台业、电影放映、房地产中介等进行了实证研究，证明了过度进入定理的解释力（Berry，Waldfogel，1999；Moretti，2003；Matsumura，2000）。顾和文策尔（Gu，Wenzel，2009）讨论了过度进入定理的适用条件，发现与产品的需求弹性有明显的相关性，需求弹性越小，过度进入则越有可能发生；而需求弹性越大，则越容易出现进入不足的情况，特殊情况下单位弹性则容易出现垄断的市场结构。

显然，本书所研究的可耗竭资源型产业确实具有资本密集、同质产品、中间产品、规模经济性等特征，符合以上研究的结论，这也说明中国的可耗竭资源行业极有可能出现过度进入的情况。而目前的过度进入定理没有考虑存在双重外部性的情况，也没有考虑开放经济，因而直接应用于中国资源型产业还存在一定的局限性。

2.2 负外部性与市场失灵

微观经济学中的外部性问题历来存在两个研究难点：一是难以界定；二是难以度量。在传统价格机制下，外部性是无法测算的，由此造成市场失灵。究其原因，在于买卖双方对外部性成本的价格信息不一致，不仅如此，价格机制的缺失直接导致缺乏交易外部性的市场（Arrow，1969）。目前对于存在外部性的市场失灵问题的解决，常见的有再投资、税收、价格补贴、开采产量配额等方法。20世纪50年代德国曾出现由工业结构失衡导致的危机，包括产业衰退、生态环境恶化等问题，德国政府对此问题的解决的策略之一是对煤炭工业采取价格补贴[①]。

基于资源型产业的特殊性，本章主要综述以下两类外部性：一是代际外部性；二是环境外部性。

① 〔德〕迪特尔·格罗塞尔. 德意志联邦共和国经济政策及实践［M］. 晏小宝，等译. 上海：上海翻译出版公司，1992: 201–217.

2.2.1 代际外部性

代际外部性主要源于资源的不可再生性，即耗竭性。理论层面最早源于霍特林（Hotelling，1931）、阿罗（Arrow，1973）和索洛（Solow，1974a）等的研究。可持续发展概念提出以后，代际公平的观点开始获得关注。由于资源耗竭性的不可逆和当代的使用过度，这种代际不公平可以总结为“交易内部人”的一代人产生的资源开采成本的增加被强加于作为“交易外部人”的未来若干代人身上，而这种成本增加并不由产生成本的“交易内部人”加以偿付，从而损害了代际公平性，不利于可耗竭资源型产业的持续发展。

许多代表性的代际外部性研究主要围绕着霍特林法则（Hotelling Rule）[①]展开。霍特林法则的核心观点是当边际开采成本、储量、开采量在时间上独立时，资源价格的上涨速度应为利率。德瓦拉杨和费希尔（Devarajan，Fisher，1982）认为霍特林的研究在历经50年后仍然适用，但不确定性有待进一步解决。其他的拓展研究还包括税收、固定资产投入和累积开采对成本和资源价格的影响（Heal，1976；Cairns，2013）；当期开采和延迟开采的代际成本变化等（Cummings，1969；Peterson，Fisher，1977；Cairns，2008）。

资源的代际外部性之所以出现，很大程度上源于不确定性，包括经济环境、成本和价格的不确定，以及资源储量的不确定等（Gilbert，1979; Arrow，Chang，1978; Pearce，1990）。因此，一旦过度开发，会造成资源使用的中长期匮乏；一旦耗竭，更会使整个经济发展陷入“巧妇难为无米之炊”的被动境地。近期相关的实证分析大多集中于对霍特林法则的验证（Livernois，2009；Almansour，Insley，2013）上，而非在对代际外部性的考量上，可以看出这方面的研究仍然较少。

在如何解决代际外部性的相关研究中，索洛（Solow，1974b）、索洛和温（Solow，Wan，1976）、哈特维克（Hartwick，1977）用柯布－道格

① 哈罗德·霍特林(Harold Hotelling,1931)的研究是最早，也是最具代表性的可耗竭资源经济学研究。

拉斯函数计算了可耗竭资源的加总动态模型，提出将可耗竭资源的收益全部用于投资，可以使可耗竭资源的价值得以存续；戴利（Daly，1990）认为应该将可耗竭资源收入的一部分用于替代资源的开发，转移资源价值，方可实现永续利用。

在代际外部成本的补偿方面，龙如银（2005）、郭骁和夏洪胜（2006）、张海莹（2012）等认为，目前中国资源税费与外部性的差距过大，建议提高税费作为补偿；赖丹和吴雯雯（2013）用使用者成本法估算了中国稀土采矿业的价格偏离，发现中国离子型稀土资源的开发和利用存在较大的使用者成本和环境成本，而这两类成本仍未完全计入稀土的供给成本。尽管通过国家行政干预，有可能在短期内提高稀土价格，让企业获得高额利润，但容易引发行业的发展不平衡。因此，利用税收改革推动稀土的合理定价机制形成、调节企业利润空间对促进稀土行业健康、稳定发展具有重要意义。

可以发现，税收制度是目前比较公认的解决可耗竭资源型产业代际外部性的方法。然而，如果不能准确测度代际外部性或者资源的实际价值，则很难确定税费额度和资源再投资的回报率，因此上述解决方案的有效性也会受到影响。由于本书主要围绕代际外部性的核算以及进入规制的影响两个方面，因此受篇幅所限，有关代际外部性的其他解决途径不再赘述。

2.2.2 环境外部性

环境外部性被经济合作与发展组织（OECD）定义为“生产和消费过程中消费者效用和企业成本所受到的环境影响，是存在于市场机制以外，未得到补偿的部分”[①]。直观的表现有资源开采、加工等生产过程对环境造成的各类污染、生态破坏，甚至包括在生产过程中对生命安全的威胁等。目前环境经济学对外部性的关注主要在于产权、市场失灵、不确定性和政府规制等方面（Kolstad，2010），还有公共产权和私有产权界定、

① 英文原文参见 https://stats.oecd.org/glossary/detail.asp ID=824.

产权变化引发的交易成本等（Libecap，1989；Barzel，1997；Williamson，2010）。

对于环境外部性的解决，埃斯特班和迪纳尔（Esteban，Dinar，2013）、迪纳尔与倪卡图（Dinar，Nigatu，2013）发现合作博弈可以将环境外部性成本内部化，从而解决公地资源开放进入产生的效率损失问题。更多的关于环境外部性解决方式的研究主要围绕公共产品的环境规制等方面（奥斯特罗姆，2012）。

环境规制可以通过要求污染企业购买治污设备和治污技术、限制企业的排污地点与方式、限制生产过程中的投入-产出要素组合来将环境污染成本内部化，并影响企业生产成本与经营成本。传统的假设认为，环境规制必然会导致企业的成本增加，但是环境规制在给一些企业带来直接费用的同时，也会激发一些创新，可以部分或全部抵销这些费用成本（黄德春、刘志彪，2006）。促进清洁型投入品的技术研发有两个条件：一是两种投入要素完全替代，且政府有及时的税收或补贴等规制手段；二是没有政府规制，但污染型投入要素中有不可再生资源（Acemoglu et al.，2012）。因此，技术进步和政府规制相结合可以成为能源有效利用和节约的重要手段。原毅军、郭丽丽和孙佳（2012）也发现短期内同时加强管理和技术进步可以实现能源利用效率的提升，这让波特假说[①]变得可行。张成等（2011）分析中国不同区域间环境规制强度和企业生产技术进步的关系，发现：在东部和中部地区，初始较弱的环境规制强度确实削弱了企业的生产技术进步率，然而，随着环境规制强度的增加，企业的生产技术进步率逐步提高，即环境规制强度和企业生产技术进步之间呈现“U”形关系；而在西部地区上述关系不显著。目前有很多学者就环境规制的效果、阻碍可行性等方面进行了研究（Konisky，2007；Cole，Elliott，Shimamoto，2004；Fredriksson，List，Millimet，2003），限于篇幅和与本书的相关性有限，不再展开论述。

---

① 波特假说：指适当的环境规制可以促使企业进行更多的创新活动，而这些创新将提高企业的生产力，从而抵销由环境保护带来的成本并提升企业在市场上的盈利能力，提高产品质量，这样有可能使国内企业在国际市场上获得竞争优势，同时，也有可能提高产业生产率。

环境外部性相关的实证研究主要围绕着交易成本和规制政策展开，如空气污染造成的外部性和建议解决方案（Sinn，2008）；水资源过度开采导致畜牧业的衰退（Reddy，2012）；政府规制对降低地下水开采的交易成本的作用（Kuwayama and Brozović，2013）等。

从目前的研究来看，对环境外部性的产权探讨和测度可以为代际外部性的研究做参考，但对环境外部性的实际测算和实证分析仍然相对较少。因此，目前对代际外部性和环境外部性的产业层面研究仍然较为局限。对资源型产业而言，仅仅考虑税收和价格补贴只能解决已经出现的外部性问题，很难从根本上减少代际外部性和环境外部性的产生，减少市场失灵。本书的切入点正是从减少双重外部性的产生源头角度展开的，因此文献梳理没有继续探讨外部性产生之后的政府规制和诸多补救行为。

2.3 进入规制与规制失灵

过度进入定理表明，自由进入下的均衡企业数量可能大于社会最优水平，从而引发市场失灵和福利损失，因此政府规制可以作为一种补救。正如詹姆斯·E.米勒（James E. Miller，1989）指出的，当市场机制不能很好地解决由个人利益与社会利益的对立所引起的如环境污染、资源枯竭等重要社会问题时，政府是有必要采取干预措施与控制措施的。植草益（1992）也认为，当竞争过度激化以至于有可能会损害国民生命安全和财产安全时，需要通过规制予以解决。无论是外部性还是过度进入，都是导致市场失灵的重要原因，因此可以确定的是，中国可耗竭资源的政府规制是有必要的。有关过度进入问题及由此产生的对外部性规制的研究总结如下。

2.3.1 规制方法及分类

规制本身通过法律或法规的威慑来限制个体和组织的自由选择（Stone，1982）。政府干预的理论基础应该是促进有效竞争（workable competition)。所谓有效，是指既有利于维护竞争，又有利于实现规模经济性(Clark，1940)。张军和威廉·哈勒根(William Hallgren)(1998)认为处于经济转轨期的产业，从政策上限制厂商的过度进入可以改善资源配置效率。

具体关于如何规制外部性的问题，科斯(Coase，1960)很早从产权的角度，用讨价还价博弈研究了环境污染的负外部性，提供了解决外部性问题的主要框架。考虑到资源型产业的特殊性，即自然资源枯竭产生的代际外部性和生产过程中的环境外部性，丹尼尔·F.斯普尔(Daniel F. Spulber，1999)认为可采用法律法规、行政规制、税收等手段进行综合治理。具体到对过度进入的规制，曼丘和温士顿(Mankiw，Whinston，1986)、植村秀和清野(Suzumura，Kiyono，1987)发现短期内采用税收或者产量限制的规制方法尽管可以减少外部性，但会引致企业进入数目过多，造成新的福利损失，类似的还有松村和奥村(Matsumura，Okumura，2014)等的研究。可见，价格或产量规制对同时存在外部性和过度进入的产业规制效果并不明显，甚至有可能造成相反的后果。

实际上，常见的税收等规制方式都可视为事后规制，即在外部性已经产生之后方才实施的规制手段，此时由外部性导致的市场失灵等问题也已经出现，这些经济规制手段和方法均面临外部性难以衡量的不确定性问题。因此，是否能够倒逼企业进行技术改良还存在很大的不确定性因素。这类事后的政府规制很难确定合理的规制强度，这也是目前外部性事后规制研究遇到的主要“瓶颈”。本书研究的不同之处在于，作为事前规制，进入规制即在外部性产生之前开始生效，可以通过直接调整企业的进入门槛，使后期的经营效率达到相对最优或次优的状态。

进入规制作为一种事前规制，主要分为两类：一是直接进入规制，即通过行政手段限定某一产业内的企业数量；二是间接进入规制，即国有化。国有化的效力在于，国有企业中，国有股权份额变化会直接改变企业的目标和行为，同时间接帮助政府实现达到低成本、风险控制等目的(Bovis，2013)。有关直接进入规制，典型的是许可证制度。慕克吉(Mukherjee A，2008)的研究表明，在技术许可的情况下，当进入者的边际成本足够高，进行古诺竞争的行业可能会导致社会不足的企业数量，但是如果进入者的边际成本非常低，运用许可证的进入规制可以避免进入过度，但会降低社会福利。可见直接进入规制存在一定的局限性。

下面重点讨论间接进入规制。早期国有化是否有效在学界存在很大的争议。弗拉亚和戴尔波诺（Fraja，Delbono，1989）发现当企业数量外生时，私有企业数量如果超过一定临界点，完全国有的企业也会转而以追求利润最大化为目标，而非追求社会福利最大化。松村（Matsumura，1998）将国有企业股权部分私有化后发现了相同的结论。突破性的研究是松村和神田（Matsumura，Kanda，2005）的理论研究（以下简称MK模型），他们的核心结论是：国有企业要作为有效的进入/退出规制的手段，条件是存在长期可以自由进出的市场。也就是说，MK模型认为，在无法自由进出的市场中，企业的私有化是较好的选择；在允许企业自由进出时，间接进入规制让国有企业股权份额上升，可以提高社会福利。这一重要的理论突破为本书的模型构建提供了主要思路。

综上所述，进入规制的相关研究可以分为两类：一是考虑外部性的事后规制，主要集中于税收和产量限额的比较；二是考虑无外部性的事前规制，即国有企业作为间接进入规制手段的分析比较。可以发现，存在负外部性产业的进入规制研究还相对欠缺，国有企业在存在负外部性的行业中的作用值得进一步深入探讨。

2.3.2 规制效率与规制失灵

关于政府进入规制的效果，有学者质疑，过度进入定理实际上没有证明政府的直接进入规制（限定企业数量）可以提升社会福利（Kim，1997）。一些实证研究也对不同产业的进入规制所造成的影响及其原因进行了研究（Djankov et al.，2002；Gruber，Verboven，2001），结果表明，与没有进入规制的产业或国家相比，政府实行进入规制的产业或国家的运行绩效并不占据明显优势，很多时候甚至表现更差，最可能的原因是政府被俘获。因此，在引入规制前，必须严格区分“是否存在过度竞争”和“是否应该限制竞争”（曹建海，1999），以及如何防止规制过程中的合谋与俘获问题。

防合谋、俘获的规制体系的设计研究是经济规制理论的重要组成部分，大部分是在规制俘获理论的基础上起步的（Stiglar，1971；Peltzman，1976；Becker，1983，1985，等）。拉丰和梯若尔（Laffont，Tirole，1991）将逆向选择与道德风险的参数纳入一个系统中，正式构建了规制俘获理论的模型，目的是解决信息不对称的问题。之后梯若尔（Tirole，1994）进一步从激励与信息结构的角度研究了规制俘获和合谋问题。马蒂莫（Martimort，1996）提出最优动态规制的核心观点是：防合谋规制如果要满足防合谋约束的数量日益增加，需要更加严厉的行政法则抑制对私人利益的追求。

为了防止规制俘获和合谋，规制分离理论也提出了规制权力制衡的办法（Stole，1991）。拉丰与马蒂莫合作的系列论文（Laffont，Martimort，1997，1998，1999，2000）运用多委托人代理理论构建了规制分离理论的一般框架，从不同角度系统地阐释了规制权力分离如何应对俘获的最优组织反应（于立宏，2009）。

因此，考虑到中国资源型产业的外部性特征、市场失灵、规制失灵等多方面的问题，在信息不对称的情况下，构建有效的进入规制体系，防止进入规制成为“寻租”、行政垄断的“合理借口”，都是本书研究中考虑的问题。因为规制的目的是减少市场失灵，但不能因此形成行政壁垒[①]。而中国国有企业较多，信息不对称明显，加之相关法律法规等制度的不完善，如果出现俘获，会加剧效率的损失（曲振涛，2006）。

以上研究都可以为本书的研究提供理论参考。然而，正如拉丰（Laffont，2009）所言，源于发达国家的经典规制理论一般假设政府是有效率的、资本市场是完美的、法律是完备的、规制人才是足够的。但这些都不符合发展中国家的情况，因此，发展中国家不能完全照搬发达国

① 行政壁垒是由于政府干预从而降低社会福利，导致资源配置扭曲的进入壁垒。广义而言，Bain(1956)和Scherer (1970)等认为进入壁垒是在位企业的成本优势，如规模经济性；狭义而言，Stigler(1968)和Von Weizsacker(1980)认为导致一个次优的资源再分配时，系统性更高的资本成本才是进入壁垒。因此进入条件只有一部分会形成进入壁垒；而且一个有效的进入规制有两个前提条件：一是存在市场失灵；二是不能降低社会福利，形成行政壁垒。

家的规制理论和相关治理方案。

2.4 产业结构与绩效关系

除理论分析外，本书对于资源型产业的实证分析和计量模型的逻辑基础主要来源于产业组织中的结构（structure）、行为（conduct）和绩效（performance）关系假说（SCP假说）。在产业组织理论中，市场结构绩效的关系从贝恩（Bain，1951，1956）提出伊始距今已经过去60年，作为产业组织理论的重要组成部分，结构、行为、绩效的关系研究已经从基本的势力说和效率说的争议，转向拓展结合博弈、规制、模型化等各个维度，形成了较为完整和成熟的实证研究框架。

2.4.1 结构—行为—绩效关系的演变

以贝恩为代表的势力学派是研究结构绩效关系的开拓者，其规范的实证研究始于科曼诺和威尔逊（Comanor，Wilson，1967）、柯林斯和普利胜（Collins，Preson，1969），他们发现串谋行为是连接集中度和利润的关键。而这种市场势力的出现，既是企业现象，又是产业现象，但更多地体现为一种企业现象（Scott，George，1986）[①]。在转向企业研究后，芝加哥学派的效率说开始崭露头角（Stigler，1963）。谢泼德（Shepherd，1972）和德姆塞茨（Demsetz，1973）最早发现集中度对报酬率的正效应源于企业本身，因为市场份额对报酬率的贡献远远大于集中度对报酬率的贡献。到20世纪80年代，势力学派和效率学派的比较有了更多元化的证据，如斯蒂尔曼（Stillman，1983）、埃克博和威尔（Eckbo，Wier，1985）、马林等（Mullin et al.，1995）通过事件研究的方法[②]，发现串谋提升的是企业价值，效率提高的是顾客价值，两者对绩效的作用体现在不

① 有关于企业势力和产业势力的讨论详见Kessides, 1989; Amel, 1991; Roberts and Supina, 1997; Mcgahan, 1999; Mueller and Rauning, 1999等的研究。

② 事件研究方法是通过测量市场变化对企业价值的影响，如企业合并及政府做出的反托拉斯裁定等，它要求市场是完善的，而且该项事件能够被准确界定。

同层面，并非对立。基于本书的样本数据，后文实证分析中的结构指标采用了效率说的“市场份额”作为代表。

由于早期市场结构绩效的研究基本使用的是静态指标，在回归分析中暴露了很多缺陷，因此动态变量的使用和计量方法的创新，使经典结构绩效假说的实证分析逐渐趋于严谨。德姆维茨、哈伯和彼特森（Domowitz，Hubbard，Petersen，1986）通过使用集中度和市场需求、失业率的经济交互变量，剔除了时间和失业对产业结构的外部影响。1987年，德姆维茨等（Domowitz et al.，1987）又通过经济周期变量的引入，得出价格在不同经济周期下的差别变化是影响市场绩效的原因之一。这种拓展补充解释了周期性行业的结构—绩效关系。类似地，奥普勒和蒂特曼（Opler，Titman，1994）证实在经济衰退期，相对于竞争对手而言，债务水平高的银行更容易丧失市场份额，而且行业集中度越高，这种周期效应越明显。

可以看出，在经典的SCP框架基础上，经济周期、行业周期等动态变量的加入使结构绩效的关系在不同产业的解释力度都有所增强。尤其在一些容易受到宏观经济波动影响的产业，如能源、钢铁、汽车、银行等，结构绩效的关系远不止早期经典研究中反映的那么简单。本书的研究也同样考虑了经济变化周期的动态影响，因此加入了反映经济变化的指标及与之相关的交互变量进行研究。

2.4.2 SCP的分析拓展

除经典的SCP分析之外，学科交叉也给SCP范式注入了新的活力。

2.4.2.1 博弈论的应用

博弈论的引入使原有的SCP假说有了更深刻的理论思想和逻辑框架。20世纪80年代，有学者检验了“生产能力可以被用来影响竞争对手投资决策”这一“随大流”假说，首次用博弈论的方法得到了企业行为和绩效的静态均衡（Gilbert，Lieberman，1987；Paraskevopoulos，Pitelis，1995；等）。之后克雷普斯和斯希丹（Kreps，Scheinkam，1983）分析了生产能力约束下的两阶段竞争模型，得到了介于古诺均衡和伯川德均衡之间的均衡解；乔瓦尼（Giovanni，1996）进一步拓展了上述模型的成本假设，发现保留超额生产能力从来都不是企业自发阻止进入的最优策略选择。除了保留生产能力以外，过剩生产能力、提高转换成本、掠夺性定价、限定性定价后来都被逐渐认为可以作为阻止新企业进入的动态策略行为（Spence，1977；Benoit，1984；Lipman，1990；Bagwell，Ramey，1996；Shy，2001；等）。

可以发现，微观的企业行为已经渐渐替代市场行为更多地受到关注，许多企业行为更多地被刻画成企业策略，因而动态博弈的分析使复杂的企业行为被拟人化，不再仅局限于传统的SCP假说范式，也不再仅作为连接结构和绩效的纽带。

2.4.2.2 规制经济学的引入

政府干预的初衷是为了解决由市场失灵造成的效率损失问题。道格拉斯·C.诺斯（Douglass C. North，2008）指出"制度对经济绩效的影响是无可非议的"，但是因为没有形成完整的分析框架，因此"无论是流行的经济理论还是计量都没能解释制度作用于经济绩效的征象"（Knous，1994）。由于制度是决定长期经济绩效和宏观经济增长的基本因素，因此规制也被纳入原有的SCP范式的讨论中（孙圣民，2008）。

规制本身是很难量化的指标，但近来很多学者通过利用近似替代指标如所有制、规制法案的强度等作为规制手段，将数量化的规制指标引入SCP范式。例如，考察国有企业私有化这一政策导向，分析规制对于产业绩效的影响，发现成本和所有制共同影响产业结构对绩效的作用（Ferahtman，1990）；或是通过政策哑变量的设计，发现市场主导型的并购提高了效率，而政府主导型的并购降低了效率。另外，政府规制还可以通过限制市场结构减少有外部性问题产业的社会成本（汤吉军，2011）。

于立宏与郁义鸿（2006）运用现代产业组织理论和经济规制理论的结构—行为—绩效—规制（SCP-R）研究范式，考察了在需求波动、资产专用性和契约不完全性这三个因素的作用下，基于厂商的私人激励，煤炭企业与电力企业将如何对纵向安排进行选择，以及企业对政府规制政策的反映模式。他们发现，在需求波动因素影响下，电力企业出于确保煤炭供应的角度考虑，会选择更多地进入煤炭生产领域，实现产业链的贯通。因此，需求波动越激烈，电力企业的后向一体化程度就越高。更重要的是，需求波动下的后向一体化是私人与社会均合意的。另一个核心观点是政府规制与煤电纵向安排选择是双向因果关系。首先，政府对于煤电产业的不对称准入政策（只准煤办电、不准电办煤）使得现实中只存在煤炭企业中的坑口电厂（大多用于自用），不存在电力进入煤炭领域的安排。其次，政府新出台的鼓励煤电一体化经营的政策也必然催生更多的煤电合作或相互进入。最后，由于电力企业与煤炭企业之间有着极其密切的关联性，更由于纵向安排的内在要求，在需求波动条件下，政府可能更需要将整条产业链纳入考虑，来制定规制政策。

另外还有很多政府规制方面的研究偏向政治学和社会学，尽管尚未在SCP范式中形成规范的分析体系，但是，规制通过改变市场结构对绩效的影响是显著存在的。由此可见，政府规制会显著影响资源企业的行为决策，因此要检验制度对市场结构绩效的影响，需要更精确的数据分析。

2.4.2.3　模块化的引入

最早将模块化引入产业分析的是鲍德温和克拉克（Baldwin，Clark，1997），他们发现价值链的模块化在汽车产业和信息产业中有效促进了研发。三年后克拉克和鲍德温（Clark，Baldwin，2000）进一步用期权理论解释了模块之间的系统创新及其创造价值的条件，认为模块化会使产业结构发生根本性变化。

与经典SCP假说广泛用于实证分析不同，模块化在中国的实际应用目前还较为欠缺，可以借鉴的是日本学者较早在互联网产业和汽车工业应用了模块化理论，用网络经济替代了规模经济，他们认为在网络经济中，开放式产业结构更具有竞争优势，模块内部需要适当的竞争，否则重复的资源投入会造成高额社会成本（浅沼万里，1997；青木昌彦，2003，等）。另外，美国学者席林和圣士玛（Schilling，Steensma，2001）实证比较了当地330个制造业产业的集中度和模块化程度，发现模块化程度越高的产业越能适应需求侧的变化；朗格卢瓦（Langlois，2002）将模块化与产权相结合，通过设定企业的模块化框架，发现产业结构还间接决定了企业产权；埃色瓦和莱温特（Ethiraj，Levinthal，2004）构建了一个产业模块化的仿真模型，动态分析了产业创新与绩效的关系。

由此可见，模块化的引入重新定义了产业结构的概念，并通过模块化的定义，让企业行为影响绩效的途径发生了很大转变。

2.5 开放经济背景下的相关研究

前述研究大多没有考虑开放经济的情况。开放经济主要指一国与外国有经济往来，如存在国际贸易、国际金融往来等。可耗竭资源的代际外部性具有区域的局限性和产权的局限性，一般只对本国造成影响；环境外部性则因为环境资源的特殊性即流动性，具有更宽泛的跨国影响。作为一个高速发展的国家，中国早已在各个行业领域与世界各国进行了商业、人员等往来，因此国际贸易必然会影响到本国的资源型产业发展，同时也会影响可耗竭资源的产业结构、外部性以及绩效等方面。

2.5.1 开放经济下的产业结构和外部性

开放经济与产业结构的关系从相互作用的角度上划分有三种类型，分别是促进、抑制和中性（汪朝阳，2012）。早期的理论研究以促进为主，如大卫·李嘉图的比较优势理论、新古典自由贸易理论等。而后有学者以发展中国家或者欠发达国家为研究对象，发现自由贸易使发展中国家与发达国家之间的经济差距不仅没有缩小，反而有所加剧，或者自由贸易没有明显作用（Prebiseh，1962）。

在前期理论发展的基础上，近期很多研究以实证为主，大都研究外商直接投资（FDI）与产业结构的双向影响。例如，胡妮奥（Hunya，2002）、阿克巴等（Akber，Bride，2004）、伊娃（Eva，2006）分别对罗马尼亚、匈牙利、捷克的制造业、银行等产业进行分析，比较了FDI与企业生产效率的相互影响，比较他们的研究结论后可以发现不同国家间的国际贸易与企业的生产效率之间的影响存在显著区别。

虽然目前将外部性与国际贸易、产业绩效相结合的研究较为有限，但由于低碳经济越来越受到关注，因此有很多学者关注国际贸易对环境外部性的影响及其两者之间的相互作用。经济学界对国际贸易所带来的污染变动的研究主要起源于北美自由贸易区和关贸总协定。世界贸易组织的建立推进了全球自由化，使对于国际贸易污染效应的争论进一步升温。格罗斯曼和克鲁格（Grossman，Kruger，1991）较早分析了国际贸易与环境的影响，认为贸易对环境的效应有三，分别是规模效应、结构效应和技术效应。之后OECD将上述效应拓展为规模、结构、收入、产品、技术和法规六个方面，更加细化了自由贸易对环境的影响，另外还有很多学者对此有不同分类，总体而言，贸易对环境的影响有直接的，也有间接的，不是单一的正向或负向作用（Panayotou，2000）。

实际上，自由贸易和环保从根本上并不冲突，都是为了高效率地利用资源（Amlerson，1998）。而目前无论是理论研究还是实证研究，对开放经济下产业结构的研究均较少结合资源耗竭、外部性等问题，更多的研究是立足于单一的环境-贸易关系以及各种计量方法的实证验证（Zafar et al.，2013；Sarwar，Pervaiz，2013，等），因此本书的实证研究尝试进一步将外部性与开放经济相互结合。

2.5.2 开放经济与政府规制

在开放经济的前提下，有关的政府规制大部分集中于低碳发展的相关政策上，如1992年签订的《联合国气候变化框架公约》，还有1997年的《京都议定书》等。这些都是世界各国政府在低碳问题上的管制和努力。可以看出，环境外部性已经越来越多地被世界各国所关注，尤其在经济一体化的大背景下，国际合作尤为重要，如果不从源头上解决外部性问题，即使开展国际贸易，也是从一国到另一国的转移，没有从根本上减少。

科普兰和泰勒（Copeland，Taylor，1994）分析了国际贸易对世界整体污染水平的影响，并假设发达国家具有更严格的环境标准，发现自由贸易会从总量上增加世界污染，但对不同的发展中国家影响不尽相同。而后，科普兰和泰勒（Copeland，Taylor，2001）建立了一个环境污染转移与国际贸易的基本理论框架，提出“污染天堂假说”和“要素禀赋假说”，并运用这一框架，定义了“污染天堂效应”，即一国控制污染的政策松紧会影响相关产业工厂的布局、生产和转移。

就资源代际外部性而言，开放经济条件下，更多的规制者和学者考虑的是本国的石油安全问题，涉及政治、社会等多方博弈，而本书的研究重点立足于开放经济条件下中国的煤炭、铁矿石、有色金属等资源的进入规制和外部性问题，因此将政治角度、社会角度的文献略去，后文将从经济效率和社会福利的角度分析三大资源型产业的国有股权职能转变与外部性治理的关系。

2.6 其他相关中文文献

2.6.1 过度进入、进入规制与外部性

2000年前后，中国学界产生了大批研究过度进入与过度竞争的文献。文献中发现，以非国有企业为主的大规模进入使中国工业产业出现了过度竞争、重复建设和产能过剩等问题（平新乔和魏军锋，2001；陈志广，2005；黄健柏、陈伟刚和江飞涛，2006；占明珍和夏庆，2013）。

江小涓（1998）观察到中国很多行业存在“过度竞争”，表现为“进入企业过多”“全行业长期低效益”和“竞争和低效益无法产生淘汰作用”等。奇怪的是，在这种状态下，“仍有许多新企业继续进入这个行业”。她给出的解释是：“如果要素市场不开放、各企业能以不同的价格获得要素、低效益企业能得到补贴且亏损企业无法被淘汰时，产品市场竞争的作用就会被削弱、扭曲甚至反向发挥作用。”这是从过度竞争的角度考虑的。如果从过度进入的角度考虑，暂不能照搬要素市场不开放的相关结论。

目前，中文文献对进入规制的研究比较缺乏，与本书的相关性较

弱，但仍可从中得到部分启发。例如，白让让和郁义鸿（2004）讨论了电信业进入规制下的边缘性进入；肖林（2007）从理论上论述了市场进入规制的类型，并分析了相关的典型行业，但没有涉及资源型产业。于立和姜春海（2004）比较了不同所有制下的企业行为及社会福利；郭妍（2012）通过政策哑变量的设计，发现市场主导型的并购提高了效率，而政府主导型的并购降低了效率。上述文献均可以作为本书的参考。另外，产权的变动也可作为政府规制的重要途径，因此产权有可能会通过市场结构影响行为，甚至影响绩效（于立和唐要家，2006）。

目前国内文献关于外部性的理论研究整体较少，但也有学者估算过不同种类的外部性。梳理与本书相关的研究发现代际外部性研究以理论和机制居多，测算研究较少（李郁芳和孙海婧，2009；赵时亮、高海燕和谭琳，2003；郭骁和夏洪胜，2007；孙海婧，2012），很多测算研究围绕环境外部性展开（如马琼等，2015；龚灏等，2015）。可见，有关国有化、过度进入、进入规制的研究大都围绕在理论层面（如樊纲，2002；夏大慰和罗云辉，2001；杜传忠和吴炜峰，2008），即使有探究过度进入与所有权关系的实证分析，也没有包含外部性的特征（如于良春和田蕾，2005；李伟，2009；徐强等，2011；金玉国，2012；张红凤和张肇中，2013）。

综上所述，中文文献对于"过度竞争"的理论探讨和描述较多，对某个产业"过度进入"现象的文献也较为丰富，但实证研究相对不足，所涉及的产业并未突出本书所研究的具有战略意义的资源型产业。特别是，现有研究较少以资源型产业整体特性为关键因素展开。此外，这些研究在数据时段、研究方法、指标选取上也多少存在不足，这使得本书有较大的研究空间。

2.6.2 SCP假说的中国实践

国内有关SCP假说的实证分析很多，早期和本书相关并具有代表性的是张军和哈勒根（1998）的研究。他们认为，在转轨经济中，进入与资源的社会配置效率之间的关系并不是单一的。1980—1995年，中国工业集中度出现明显的下降。市场结构从共同垄断、古诺垄断向伯川德价格竞争发展。这虽然促进了经济增长和企业效率的提高，但社会成本较大，因而他们建议“在转轨经济初期，从政策上限制厂商的过度进入，可以改善资源配置效率，因为用于重复建设的资源具有机会成本”。对于本书研究的资源型产业，重复建设导致的机会成本会更高，加之其造成的巨大的负外部性，可见在政策上限制过度进入是非常必要的。

有学者对中国的煤炭、钢铁等行业进行了类似的研究（戴奎早，2008；杨书林，2012；陈小毅和周德群，2011）。张成和于同申（2012）引入了环境规制变量，发现在中国，工业部门的利润率水平、规模经济、进入退出壁垒都对集中度有正向作用。类似地，闵丹和韩立岩（2008）发现在金融行业里，随着行业生命周期的延续，集中度的增加在一开始会降低负债率，但之后反而逐渐增加。

2.6.3 对外开放、产业结构与双重外部性

中国加入WTO之后，很多学者开始关心自由贸易与环境保护、能源安全等方面的问题。在对外开放和产业结构变化方面，肖云（1994）、钟昌标（2000）、姜茜和李荣林（2010）、李丽娜（2011）等学者从不同角度分析了产业结构和对外开放的关系，认为基于要素禀赋的自由贸易对优化产业结构，尤其是优化资源密集型的产业结构有显著影响。张伟和李勇（2004）用SCP模型验证了国际贸易对传统产业具有正向作用，这为本书的研究提供了参考。上述有关对外开放和产业结构绩效关系的研究中，没有纳入外部性的考虑，因此本书将对此予以补充。

外部性和对外开放方面的研究主要集中于环境污染及贸易政策的调整。沈满洪（2007）认为，贸易对环境的影响以间接为主，国际贸易对环境的影响，主要取决于市场机制和政府干预的结合，如果市场失灵或规制失效，贸易会加剧环境问题；反之，则会使资源得到有效配置。实证方面，张连众等（2003）对2000年中国31个省、直辖市的横截面数据进行了分析，结果显示，贸易自由化有利于中国的环境保护，原因是尽管规模效应将加重中国的环境污染水平，但是结构效应和技术效应会

降低中国的环境污染程度。陈继勇和唐晓宇（2008）发现，开放条件下，污染控制政策应当与所有权制度的改进相协调。这一研究为本书在开放经济条件下设计中国资源型产业的政府规制提供了参考。

代际外部性方面，对外开放的影响目前主要有两个方面：一方面，中国的资源大量从本国流出，可能会限制本国的经济发展；另一方面，中国较难购买到国外的战略资源已经成为国际贸易商人的普遍共识（张捷，2010）。因此，如何在开放经济环境下优化本国的资源型产业结构，减少双重外部性，需要进一步探讨。另外，国内很多研究都认为自由贸易有利于环境保护，然而近年来，随着对外开放程度的增加，资源耗竭和环境污染也呈上升趋势，因此对外开放与资源环境保护的相互作用仍需要进一步验证。

2.7 总结和评述

经济学家于光远曾指出，可持续发展是人类唯一正确的选择，“在整个人类发展的历史过程中，获取与控制自然资源的战争，是国际紧张和物理冲突的根源”①。具有战略意义的可耗竭资源型产业显然有着不同于一般产业的特性，因此，不仅需要分析经济周期波动的影响，更需考察企业的过度开采、污染排放等行为以及政府规制对其绩效的影响，并探讨外部成本内部化对不同政策的反应，在此基础上，才能更有针对性地制定出有效的产业政策。

现有研究所涉及的产业并没有完全针对本书所研究的可耗竭资源型产业，鲜有从双重外部性和开放经济的视角对该产业进行深度剖析，主要不足如下：

第一，现有过度进入定理无法解释存在双重外部性的可耗竭资源型产业中自由进入会怎样影响社会福利，本书的研究可以弥补这一不足。

① 〔美〕莱斯特·R. 布朗，等. 全球预警——1989年世界形势评述［M］. 北京：科技文献出版社，1990: 3–4.

第二，目前学界对外部性的理论和实证研究仍较为有限，无法解释中国可耗竭资源型产业出现的过度进入及资源配置扭曲；也很难说明负外部性达到了何种程度、对社会福利产生何种影响。此外，仅仅考虑税收和价格补贴只能部分解决已经出现的外部性问题，而不能从根本上减少外部性的产生。基于国际通行的、经济规制的视角解决外部性问题，在现有文献中尚不多见。本书探讨的间接进入规制不仅可以解决外部性问题，还可以解决过度进入导致的一系列其他问题，这可以为政府对资源的管理提供新的方法和思路。

第三，现有实证研究多以国家层面和产业层面数据为主，本书将采取跨产业、动态的、企业层面的多种面板数据进行研究，以确保实证检验的相对准确性和稳健性。

综上所述，本书将借鉴已有研究，在双重外部性和开放经济条件下，构建资源型产业的进入过度模型、验证结构—行为—绩效关系在开放经济条件下和存在双重外部性条件下的假说是否依然成立，进而为中国可耗竭资源型产业的政府治理提供相关政策建议。

第3章
中国可耗竭资源型产业的基本特征及问题分析

中国工业经济发展过程中，无论是煤矿、铁矿石还是一般有色金属或其他稀有金属，这些可耗竭的矿产资源都是核心的战略性资源，位于国民经济发展产业链的中上游，因此本书的研究对象主要围绕煤炭、黑色金属和有色金属三类产业。为保持统一性，全书研究中用到的资源分类均依据国家统计局公布的《国民经济行业分类》标准，主要范围涉及了采矿业及其初级产品加工的中间产品产业。之所以囊括初级产品加工的中间产品产业，原因在于目前资源的开采和初加工一般同时存在于同一家企业中，难以明确划分，而且尽管存在工业加工过程，但是从整个工业经济产业链的角度来说，初加工仍然位于工业产业链的上游，是其他产业的原材料或动力来源。

可耗竭资源的不可再生性是从其物理特性的角度来说的。例如，煤炭的形成是数千万年前植物的根系腐烂后经过一系列化学变化形成的黑色可燃化石，因此短期难以形成，用之即少。这类可耗竭资源与其他工业生产投入的原材料（如人力资源、货币资源等）不同，再生时间长导致资源利用容易受到有限存量的约束，因此要想有效地利用这些可耗竭资源，就必须清楚地了解其独有的特征，而不是与其他投入品混为一谈。因此，本章将分别从供给、需求、外部性、宏观环境等角度分析中国可耗竭资源型产业的特征和问题，研究可耗竭资源的成本劣加性，以及目前政府对可耗竭资源型产业规制尚存在的不足。

可耗竭资源经济学的开山鼻祖霍特林（Hotelling，1931）曾经总结了可耗竭资源的几个核心特征，分别是：基础储量固定但未知；维持一定的开采率会使储量下降为0且价格不断上涨；技术水平的提高会降低成本从而降低初始价格；开采成本的不确定性较大；等等。类似地，中国可耗竭性的战略矿产资源也存在上述特点，且不乏不同历史时期和经济背景下的特殊性。

3.1 储量特征

先来分析耗竭性资源的基础特征——储量。从物理角度来说，矿产资源的储量早在数亿年前形成时期已经确定。中国作为最早发现并使用煤矿的国家之一，在春秋战国时期就已经有使用煤炭炼铁的记录，当时称煤炭为“石涅”。从西汉时期开始，煤炭开始广泛用于冶金、制作陶瓷等领域，至明清时期煤炭的开采和冶炼已有相当规模的发展，技术也处于世界领先地位。但由于社会和历史背景所限，从清朝末期起中国煤矿的发展开始落后于世界工业革命的步伐，与世界平均水平拉大了距离，大多资源型产业的发展都几近停滞（李进尧，2007）。直到1949年新中国成立以后，中国的资源型产业、工业产业才开始逐步恢复，但各类问题仍不断显现。

3.1.1 过度开采造成高储量资源迅速耗竭

以煤炭产业为例。1949年新中国成立时，中国煤矿企业约40家，共200余处矿井，主要分布在东北和华北地区；整体呈现规模较小、设备简陋、技术落后的一片萧条景象。1949年全国煤炭产量只有3243万吨，与世界的煤矿产量相比非常低，横向比较可以发现，同年美国产量为43597万吨，苏联为23550万吨，分别是中国同年产量的13.4倍和7.3倍①。70余年的发展历程中，中国煤矿的产量不断上涨，1957年为1.3亿吨，1982年增长到6.7亿吨，2002年为13.9亿吨，到2017年、2018年中国的年煤炭

① 数据来源：根据国家统计局官网及美国能源信息管理网(http://www.eia.gov/totalenergy/data/annual/index.cfm#coal)整理获得。

总产量分别达35.2亿吨和35.5亿吨，均接近世界总产量的一半[①]。

毋庸置疑，矿产资源产量的快速上升不仅是保证中国经济稳步增长的原动力，也印证了相关产业链中下游工业企业的发展。通过比较中美煤炭产量的历年数据可以发现，近60年美国的煤炭产量增幅一直较为平稳，但是中国的煤炭产量从1985开始超过美国，而后迅速攀升，尤其在2000年以后上升速度迅猛，且一直保持世界领先水平至今（见图3-1）。然而，煤炭产量的快速增长助推了经济的快速增长，也带来了物质生活水平的提高，但是却伴随着资源的过度开采和巨大浪费。

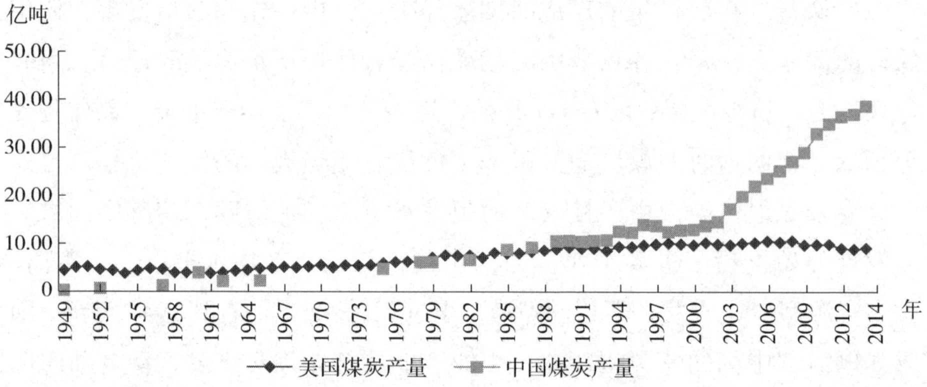

图3-1　1949—2014年中美煤炭产量对比

数据来源：中国国家统计局和美国能源信息管理总局（Unites States Energy Information Administration）。

目前的核心问题在于，中国虽然保持世界第一产煤大国的地位，但已经不再是世界储量第一大国。通过比较2014年世界煤炭十大储量拥有国的煤炭储量情况（见表3-1）可以发现，中国煤炭的储产比在前十大储量国中排名最后。储产比表示的是年末储量与当年产量的比值，即如果以当年产出水平相同的开采速率持续开采，未来还能持续开采的年限。可以发现，在目前的经济和技术条件下，中国如果以2014年的产出率开采煤矿，30年之后便将全数耗尽。相较而言，储量居前两名的美国和俄罗斯则分别可以开采262年和441年（见表3-1）。从储产比的巨大差异可

① 数据来源：中国煤炭资源网，http://www.sxcoal.com/coal/11/0/listnew.html.

以发现，中国煤炭资源的过度开采和耗竭程度已经非常严重。

表3–1　2014年世界煤炭储量前十排名

储量排名	国家名称	储量（百万吨）	世界占比（%）	储产比（储量/产量）
1	美国	237295	26.60	262
2	俄罗斯	157010	17.60	441
3	中国	114500	12.80	30
4	澳大利亚	76400	8.60	155
5	印度	60600	6.80	94
6	德国	40548	4.50	218
7	乌克兰	33873	3.80	390
8	哈萨克斯坦	33600	3.80	209
9	南非	30156	3.40	116
10	哥伦比亚	6746	0.78	76

数据来源：BP世界能源统计2015。
注：表中煤炭储量表示在现有经济和技术条件下，可从已探明储层中开采的煤炭储量。

进一步研究储产比的长期特征可以发现中国资源的可耗竭性更加严峻。2002—2014年中国煤炭产量和储产比的时间序列变化如下：随着产量的不断上涨，尽管偶尔有新矿源被发现，但是每年的储产比仍然迅速下降，这意味着中国的煤炭处于持续的加速开采状态。2002年的数据显示，中国可开采年限还在200年以上，但是10年之后的2012年，储产比仅剩不到50年，这意味着中国在10年间开采的煤炭总量近乎透支了未来150年的煤炭资源（见图3–2）。

与煤炭类似，黑色金属和有色金属原本的储量就较为稀少，因此过度开采带来的资源耗竭问题更为严重，尤其是黑色金属。进一步利用铁矿储量和生铁产量近似计算黑色金属的储产比，用十种常见有色金属[①]的储量和产量来近似计算有色金属的储产比，得到的结果如表3–2所示。

① 十种常见有色金属包括原生钛铁矿、铜矿、铅矿、锌矿、铝土矿、镍矿、钨矿、锡矿、钼矿、锑矿。

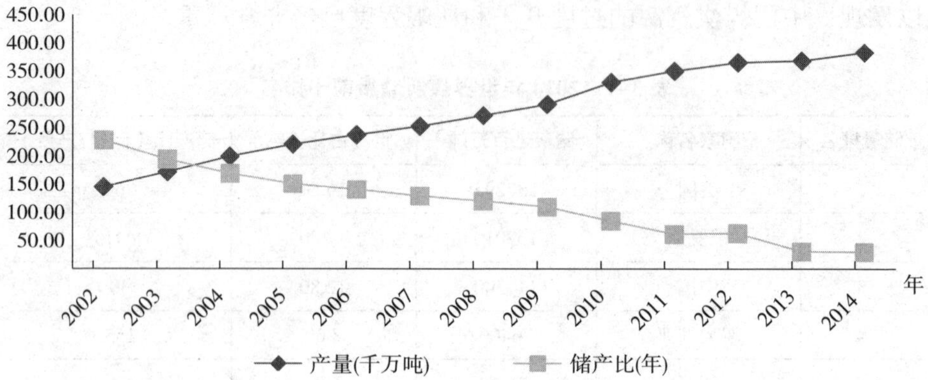

注：此处储量计算不是现有技术条件下的可开采储量，而是已探明的全部储量，因此计算出的储产比比BP世界能源统计的产出比要高。

图 3-2　2002—2014 年中国煤炭年产量及储产比

数据来源：根据自然资源部网站及2012中国统计年鉴的相关数据相关计算整理而得。

表 3-2　2007—2016 年中国黑色金属和有色金属的储量特征

年份	储量（万吨）		产量（万吨）		储产比（年）	
	铁矿	十种有色金属	生铁	十种有色金属	黑色金属	十种有色金属
2007	223.600	107362.000	47651.630	2379.150	0.005	45.126
2008	226.400	106518.300	47824.430	2520.280	0.005	42.264
2009	213.000	116520.200	55283.460	2648.540	0.004	43.994
2010	222.300	121374.900	59733.340	3120.980	0.004	38.890
2011	192.800	138087.600	64050.880	3435.440	0.003	40.195
2012	194.800	120666.600	66354.400	3696.970	0.003	32.639
2013	199.200	129833.700	71149.880	4412.130	0.003	29.427
2014	206.600	130011.100	71374.780	4828.810	0.003	26.924
2015	207.600	131265.500	69141.300	5155.820	0.003	25.460
2016	201.200	134409.100	70227.330	5345.110	0.003	25.146

数据来源：根据国家统计局网站公布数据整理获得。

另外，从表3-2还可以看出，中国的铁矿资源已经处于濒临耗竭的边缘，这也是目前大部分中国钢铁企业的铁矿资源几乎完全依赖进口的主要原因。从十种常见有色金属的储量变化来看，尽管近10年有稳步上升，但是产量消耗依然巨大，储产比从2007年的45年锐减到2016年的25年，降幅接近50%，可见近10年有色金属资源也同样被过度消耗。

因此，仅从储产比这一指标就可以明显看出，包括煤炭资源、黑色金属资源和有色金属资源在内的大部分可耗竭资源型产业，过度开采和过度利用已经造成了明显的耗竭特征和代际不公平，加强对该类资源的保护迫在眉睫。

进一步地，从资源依赖型企业的空间分布来看，中国资源型企业主要分布在中部省份，如山西、四川、河南、湖南、贵州等省份是煤炭企业的主要分布地，黑色金属的企业分布以河北和辽宁为首，内蒙古、辽宁、河南、湖南等省区则聚集了很多有色金属企业[①]。通过对比地区经济发展情况可以发现，这些省份并非可耗竭资源的主要消费大省，也并非经济最发达的省份。这些资源大省大都为资源输出型省份，地区GDP的增长依赖于初级资源的直接销售，因此这种储量分布与实际使用地区之间的偏离在一定程度上提高了资源利用的成本，也造成了地区资源利用的不平衡。这也是中国资源型产业与其他国家有所不同的地方。以美国为例，美国经济发展水平较高的地区大部分聚集在能源资源丰富的地区，如美国东部阿巴拉契亚褶皱带中主要有煤炭、有色金属和贵金属；西部科迪勒拉褶皱带是美国矿产资源的主要富集区，不仅产出大量铜、钼、金、银、铀、钒、铅、锌等金属矿产资源，而且非金属矿产和煤炭、石油、天然气、地热等能源矿产也很丰富；与此相匹配的是美国人口聚集度最高的区域，也主要分布在东西两侧，经济发展程度也最高，如西部加利福尼亚州、内华达州以及东部地区的纽约州等地，因此其资源利用的成本相对较低。

从微观层面看中国可耗竭资源企业的产出水平可以发现，内蒙古、山东、河南是资源产出量最高的三个省区，但不是资源企业数量最多的省区；资源企业数量最多的是山西和湖南[②]。因此，资源企业数量最多的省份并不是资源总产量最高的省份，也就意味着不同省（区、市）的企业之间的生产效率存在明显差距，各省（区、市）的资源型产业结构和

---

① 资料来源于中国国家统计局官网各省(区、市)年度数据。

② 笔者根据中国国家统计局官网各省(区、市)年度数据整理获得。

竞争程度也不尽相同。企业数量和产量分布的背离，意味着很多资源地区的企业密集程度很高，但平均产出较低，说明在某些资源富集地区出现了很多规模较小的资源开采企业，这些小型企业通常难以实现生产的规模经济性，且监管难度相对较高。因此，中小规模企业越密集的省份越容易出现资源的过度甚至无序开采，进而导致产出的低效率和资源的过度耗竭。

3.1.2 战略性可耗竭资源流失问题严重

除了过度开采、资源配置效率较低等问题，中国可耗竭资源型产业中许多战略性资源的流失问题更加严峻。战略性资源对整体工业产业发展而言，是起核心作用或关键作用的资源，一旦缺失，会造成原动力不足。可耗竭的矿产资源正是大部分工业产业的原材料或者原动力，其中很多金属矿产更是高新科技必不可少的原材料，因此具有战略意义。本书重点关注有色金属中最具战略意义的稀土产业。

作为“工业维生素”的稀土资源是高科技工业的必备品。具体包含镧、镨、钕、镝等17种稀土元素，广泛应用于航空航天、电子信息、核工业、冶金、化工、永磁材料、新能源等高科技领域。稀土硫化物着色剂兼具有机颜料（鲜艳、着色力强）和无机颜料（稳定，耐热、耐光、耐候性好）两者的优点，而且不含有毒元素，绿色环保，是目前国际公认的新一代无机着色剂换代产品，这种涂料还可以应用到各种军事装备的涂装上，应用范围非常广泛，价值巨大。

然而，对稀土产业而言，不仅存在与前述分析类似的过度开采、过快开采问题，而且中国大量的稀土资源已经源源不断地以低价流通到了国外市场。从图3-3海关出口数据可以看出，除了2011年由于“热钱”炒作使稀土价格短期内大幅波动之外，十几年来中国稀土的价格一直处于低位。2010年之后虽然稀土产品价格开始逐步上升，但涨幅远不及黄金、铜、铁矿石等原材料产品，2000—2010年，中国稀土价格仅上涨2.5倍，然而同期黄金、铜、铁矿石价格则分别上涨4.4倍、4.1倍、4.8倍。

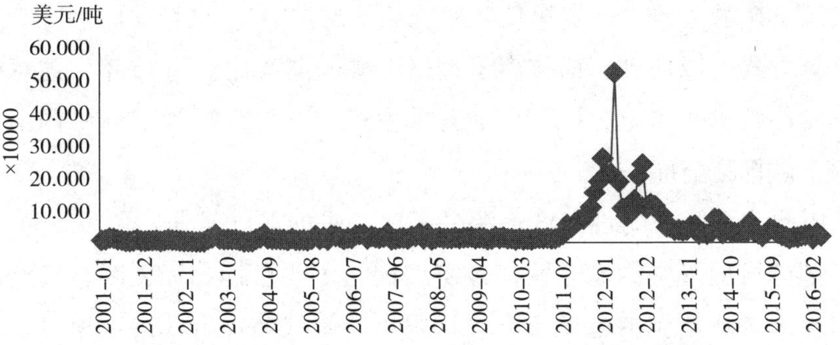

图3-3　2001年1月—2016年2月稀土出口平均价格走势图[①]

在改革开放初期，曾有“中东有石油，中国有稀土”的说法，直到1992年，全球稀土仍有60%以上的储量在中国。但是，2013年发布的《中国的稀土状况与政策》白皮书指出，截至2012年，中国稀土的全球储量占比已跌至23%，也就意味着在20年的时间里，全球近40%的稀土资源已经被使用或低价从中国流向其他国家和地区[②]。

2012年《中国的稀土状况与政策》白皮书指出“2011年，中国稀土冶炼产品产量为9.69万吨，占世界总产量的90%以上”。如此“低储量高产出”的情况，与其他稀土储量大国形成了鲜明的对比。白皮书进一步披露的数据显示，2009年，美国稀土储量为1300万吨，占世界的13%，产量为0；俄罗斯储量为1900万吨，占世界的19%，产量为0；澳大利亚储量为540万吨，占世界的5%，产量为0；印度储量为310万吨，占世界的3%，产量为2700吨，占世界的2%。

可以发现，由于有一部分中国稀土资源企业奉行薄利多销的理念，这使得中国大量而廉价的稀土供应形成了出口的比较优势，即使加上进口关税等其他成本，也比某些国家直接开采本国稀土资源的成本低，因此目前中国稀土资源储量只占全球储量的23%，却承担了全球90%的供应，而其他稀土储量大国很少，甚至完全没有对本国的稀土资源进行开采，而是直接选择大量进口廉价的中国稀土。目前，中国内蒙古自治区

① 数据来源：Wind资讯。

② 资料来源：人民网，http://industry.people.com.cn/n1/2018/0307/c413883-29852390.html.

包头稀土矿的主要矿区资源仅剩原有储量的约1/3，延续3.1节“储产比”的计算方式可以得到，南方离子型稀土矿的储产比仅为15年，这意味着在不变的技术水平下，以相同的开采率进行开采，15年之后中国南方离子稀土矿将会全部耗尽。

因此，中国战略性矿产资源的无序开采问题已经非常严重。近20年来，部分可耗竭资源型企业以经济发展为主要目标，无视国有资产的保值增值，忽略资源的过度流失，这很可能是战略性资源出现加速衰竭的主要原因。实际上，中国稀土价格偏低的原因在很大程度上是由过度开采造成的，当然也不排除私自非法开采或走私扰乱正常经济秩序，但涉及走私等法律方面的问题暂不列在本书的讨论范围之内。

另外，更为严峻的是，在复杂的国际经济贸易背景下，中国作为世界稀土的主要供给方，稀土出口的供给占比几乎处于绝对的卖方垄断地位，但是我国出口的稀土资源并没有表现出任何的垄断优势和价格决定权，这种价格畸形是与基本的经济规律相矛盾的。

20世纪90年代，中国的稀土企业非常多且杂，出口也较为混乱，因此造成国内很多稀土企业互相压价，导致稀土贱卖、质量不一。为规范出口秩序，1998年，我国开始实施稀土出口配额制度，对稀土进行出口限制，同时每年都对企业的生产能力进行评估，分配生产配额，规定企业年度稀土出口量不得超过其拥有的配额数量。在稀土出口配额制度诞生后的第3年，即2001年，中国加入世界贸易组织，关于各类贸易开放的承诺开始逐步兑现。随着全球贸易的逐步深化，中国与欧美等国家的贸易摩擦日益频繁。其中，一个典型的争端就是稀土贸易。2012年3月13日，美国、日本、欧盟联合将中国稀土、钨、钼相关产品的出口关税及出口配额管理和分配措施诉诸WTO争端解决机制。2014年，WTO最终裁定中国实行的稀土出口管理措施不符合世界贸易组织相关规则和中国加入WTO时的承诺。由此，实施了16年的中国稀土出口配额制度在2015年1月1日正式终结[①]。2017年中国海关总署公布的统计数据显示，中国

---

① 资料来源：人民网，http://energy.people.com.cn/n/2015/0408/c71661-26811093.html.

2017年7月当月出口稀土3658吨，相比上年同期的1799吨翻了一倍，创下4年多以来的最高纪录；2017年1—7月累计出口1.75万吨，与上年同期相比增加10.3%。由此可见，出口配额取消后，稀土出口额出现大幅的反弹式上升。

除出口配额外，自2006年起，国家将每年的稀土开采配额由自然资源部（原国土资源部）在第一季度向各省（区、市）级资源部门下达，指标覆盖内蒙古、四川、江西、山东、福建、湖南、广东、广西、云南等省区，并由各省区直接分配到矿山企业[①]。表3-3的数据显示，从开采总量控制的分布来看，稀土资源的地域集中度是非常明显的，其中内蒙古和四川两省区之和占全部配额的80%以上，平均每年中国稀土开采量在9万～10万吨，且仍在缓慢上升[②]。这种稀土的开采配额制尽管可以在一定程度上遏制稀土的无序开采，但因近年需求的增加，每年的总配额量也已经突破10万吨（见表3-3）。因此，原本对中国而言具有资源优势的稀土产业，经过多年的过度开采之后，也已经逐渐由丰富变为稀缺，逐渐丧失了中国稀土资源在全球的优势地位。

表3-3　2006—2015年稀土矿（REO）开采总量控制指标　　单位：吨

地区	2006年	2007年	2009年	2010年	2011年	2012年	2013年	2014年	2015年
内蒙古	46000	46000	46000	50000	50000	50000	50000	59500	59500
四川	31000	31000	24000	22000	24400	24400	24400	25000	25000
江西	7000	7400	7400	7480	9000	8450	9000	9000	9000
山东	1200	1200	1500	1500	1500	3300	1500	2600	2600
湖南	100	100	800	1500	2000	2000	2000	2000	2000
广东	700	700	1500	2000	2200	2200	2200	2200	2200
福建	220	220	220	1500	800	2000	2000	2000	2000
广西	200	200	200	200	500	1250	2500	2500	2500
云南	200	200	200	200	200	200	200	200	200

① 资料来源：人民网，http://energy.people.com.cn/n/2015/0516/c71661-27010093.html.
② 此处的统计没有包括非法开采，因此资源储量的减少有可能超过上述统计的范畴。

续表

地区	2006年	2007年	2009年	2010年	2011年	2012年	2013年	2014年	2015年
合计	86620	87020	81820	89200	90600	93800	93800	105000	105000

数据来源：由自然资源部（原国土资源部）网站（http：//www.mlr.gov.cn/）整理获得，2008年数据缺失。

无论是出口配额制度还是开采总量配额制度，政府对市场的干预程度都比较高，这种直接的、强硬的数量管制很容易引发市场行为与政府监管之间的矛盾，也容易出现信息不对称带来的规制失灵。因此政府如何在信息缺失的情况下，减少资源流失，是稀土行业乃至整个可耗竭资源型产业的监管难题。

3.1.3 替代品的替代功能有限

应对可耗竭资源储量下降的问题，最直接的解决方案是寻找替代资源。在寻找可耗竭资源的替代产品前，第一步需要了解与该资源在同一产业链上的中下游产业对该资源的消费情况。

消费煤炭资源的中下游产业主要以工业为主，占比90%以上，其他生活消费、建筑业等加起来的总和不到10%，因此工业是煤炭消耗最重要的产业（见表3–4）。在具体工业行业使用中，煤炭的消耗有50%用于发电，因此电力生产是煤炭的主要消耗者（见图3–4）。

表3–4　2000—2013年煤炭消费分行业占比（%）

年份	工业	生活消费	建筑业	其他
2000	90.58	5.99	0.38	3.04
2001	90.95	5.82	0.35	2.88
2002	91.31	5.52	0.34	2.83
2003	92.04	4.99	0.29	2.68
2004	92.44	4.71	0.28	2.58
2005	92.94	4.33	0.26	2.47
2006	93.51	3.93	0.26	2.30
2007	93.93	3.58	0.23	2.26

续表

年份	工业	生活消费	建筑业	其他
2008	94.48	3.25	0.21	2.05
2009	94.61	3.08	0.21	2.09
2010	94.81	2.93	0.23	2.03
2011	95.12	2.69	0.23	1.96
2012	95.20	2.60	0.21	1.99
2013	94.99	2.19	0.19	2.63

数据来源:《2001—2015年中国统计年鉴》。

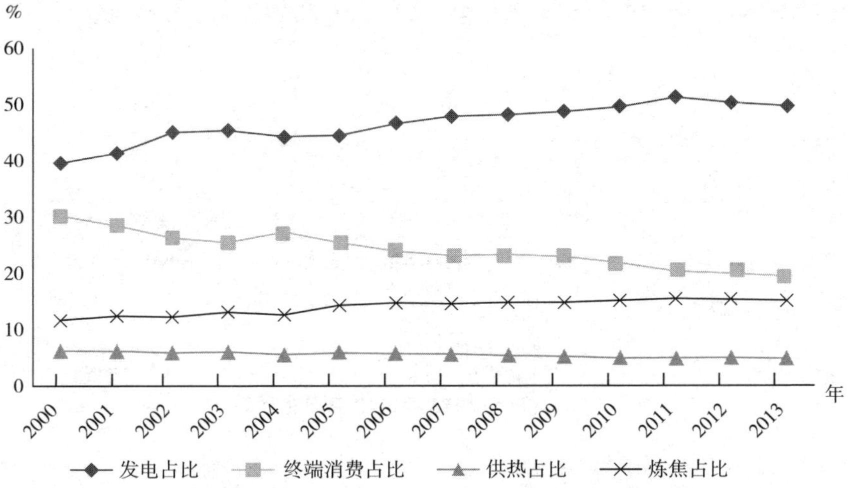

图 3-4　2000—2013 年煤炭消耗在工业中的分布及变化

数据来源：根据中国国家统计局官网（http：//data.stats.gov.cn/easyquery.htm?cn=C01）数据整理获得。

下面重点分析能够取代煤炭进行发电的相关资源。中国已经建成的用于替代煤炭进行发电的常见企业包括水力发电厂、核电厂、风电厂、太阳能发电厂等，其中核电、风电、太阳能也称为新能源发电；不常见的新能源还包括生物质能、地热能、波浪能、洋流能和潮汐能等。但是，目前人们能利用的能源仍以煤炭、石油、天然气为主，在世界一次能源消费结构中，这三者的总和约占90%以上。

具体从发电来看，尽管中国在不断推出新能源发电的政策利好，鼓励新能源发电产业建厂，但是实际投入运营的比重并不大。以煤炭作为原料的发电仍然占据主要地位。图3–5的数据显示，尽管目前包括水力发电等在内的各种新能源发电已占全部发电量的20%，但是要替代占80%的火力发电，在近期很难实现。前文（3.1节）已经指出，目前技术条件下，中国用于火力发电的煤炭在30年后将濒临耗竭，而且如果经济仍然维持一定速率上涨，对电力的需求必然不断升高，带来煤炭的耗竭速度加快，相关企业将不得不更多地依赖进口，增加对外依存度。由此可见，目前对于煤炭资源而言，新能源发电等替代品的替代程度仍然较为有限。

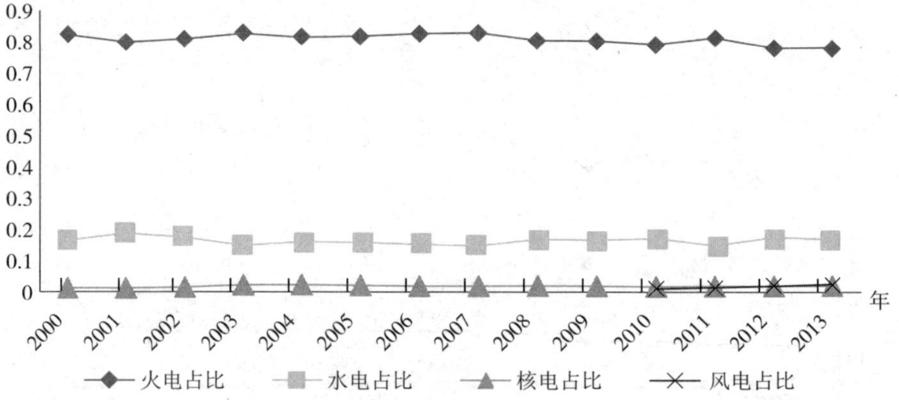

图3–5　2000—2013年中国电力生产结构

数据来源：根据中国国家统计局官网（http：//data.stats.gov.cn/easyquery.htm?cn=C01）数据整理获得。

黑色金属资源中，铁矿石作为炼钢的基础材料，要在短期找到替代材料更是难上加难。中国的铁矿石储量并不像煤炭等其他资源那般丰富，且贫矿居多。美国国家地质调查局2005年公布的数据显示，前四大储量国分别是巴西、俄罗斯、澳大利亚及乌克兰①。中国国家统计局同年公布的中国可开采的铁矿有效储量为216亿吨②，低于美国国家地质调查局公布的前四大国家储量。自2009年起，中国企业购买铁矿石资源作为原料就更多地依赖进口（见图3–6），一方面正是由于中国国内的铁矿石资源

① 数据来源：美国地质调查局USGS网,http：//minerals.usgs.gov/.

② 数据来源：中国国家统计局官网,http：//data.stats.gov.cn/easyquery.htm?cn=C01.

较少且以贫矿居多；另一方面国外高品质的矿源可以快速满足高质量钢制品生产的要求。

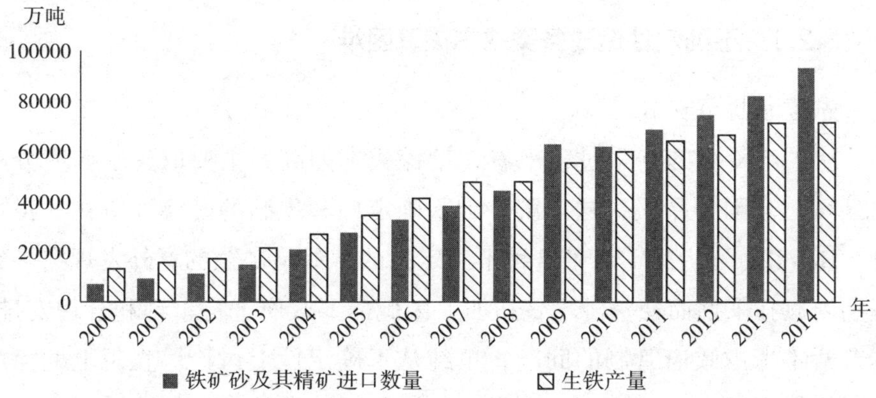

图 3-6　2000—2014 年中国铁矿石国内产量与进口量历年对比图

数据来源：中国国家统计局官网，http：//data.stats.gov.cn/easyquery.htm?cn=C01。

与铁矿石类似，同样作为生产原料的有色金属要在短期内找到替代产品的可能性也比较小。除了前述分析的稀土资源以外，铜、锰、镉、铝等金属元素在不同工业产业中都有其特殊的功能。尽管从化学角度来说，化学元素周期表上一些相邻金属元素的物理特性具有部分的替代性，但是仍然是有色金属之间的互相替代，而要找到新材料替代有色金属，主要依赖技术研发，这需要大量新技术的研发作为支持，短期内实现也较为困难。

因此，无论是已经出现部分替代品的煤炭资源，还是几乎没有替代品的金属资源，中短期内的替代作用都是极为有限的，加之新技术的研发本身不确定性较强，很难将资源型产业耗竭的解决重点放在寻找替代品的层面上。

3.2　成本特征

本节重点分析可耗竭资源型产业的成本问题。霍特林（Hotelling，1930）指出，资源的开采成本主要由两部分构成；一是勘探；二是采掘。

勘探成本一般为事前成本，记为一次性投入；采掘成本则和其他产业类似，包括固定成本和可变成本。

3.2.1 不确定性造成各类成本核算困难

先考虑勘探成本。

从矿产资源的开采过程来看，勘探成本的高低主要取决于矿产分布的区域、范围与品质，这是第一个不确定性和规制的必要性所在。霍特林（Hotelling，1930）对于这种不确定性的解释是矿藏的意外发现会导致短期内疯狂采掘而使资源配置扭曲，因此需要政府进行干预和合理安排。本节暂不考虑政府管制的问题，单纯从不确定性上讨论。直观上勘探成本的增加会提高矿藏发现的概率，如增加资金、技术的投入和人力资本的投入。如果将发现矿藏认为是随机事件，那么发现矿藏的概率（Pr）应该是勘探成本的增函数，本书将勘探成本记为事前成本 C_{pre}，具体包括资本（K）、技术（T）、劳动力（L）及其他要素，如努力程度、经验等。而边际勘探成本 MC_{pre} 是资金和人力资本投入的增函数，是技术研发的减函数，即

$$C_{pre}=F(K_{pre},T_{pre},L_{pre},\cdots);Pr=F(C_{pre});\frac{\partial P_r}{\partial C_{pre}}$$

$$\frac{\partial C_{pre}}{\partial K_{pre}}>0;\frac{\partial C_{pre}}{\partial L_{pre}}>0;\frac{\partial C_{pre}}{\partial T_{pre}}<0 \quad (3-1)$$

考虑开采成本。

记可变的开采成本为事后成本 C_{post}。

$$C_{post}=F(t,T_{post},K_{post},L_{post});\frac{\partial C_{post}}{\partial t}>0 \quad (3-2)$$

$$\frac{\partial C_{post}}{\partial K_{post}}>0;\frac{\partial C_{post}}{\partial L_{post}}>0;\frac{\partial C_{post}}{\partial T_{post}}<0 \quad (3-3)$$

与勘探成本不同，开采成本的特征在于随着开采的延续，最容易开采的资源最先被开采，越难开采的资源越滞后开采，因此边际开采成本是时间的增函数，同样，是技术的减函数，即随着技术水平的提高，开采成本会降低。但是，由于技术水平作为一种特殊的投入，研发是需要时间的，新技术的产生会突然降低开采成本，因此呈现跳跃性降低，而

后又随时间上升，这是成本的第二个不确定性。考虑t_0时期的技术水平为T_0，t_1时期新技术研发成功，技术水平为T_1，以此类推，开采成本跳跃至原成本点以下，然后继续随时间上升（总结见图3–7）。

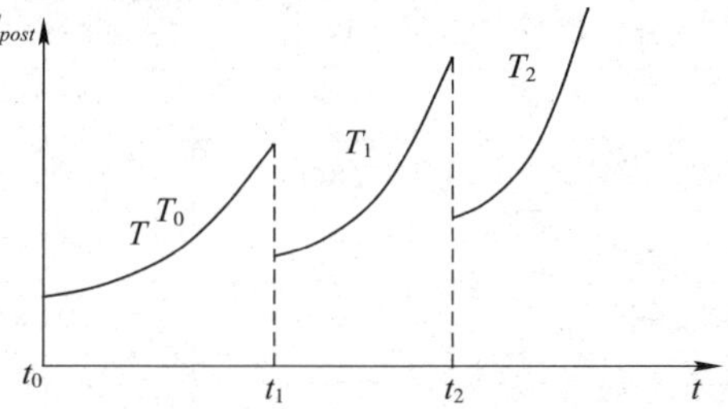

图3–7　资源的边际开采成本与时间和技术的关系

从可变开采成本的函数特征可以看出，矿产资源的生产是具有规模经济性的。另外，考虑到勘探成本C_{pre}以及其他固定成本C_{fix}，总成本可以表示为

$$TotalC=C_{pre}+C_{post}^{T}+C_{fix} \tag{3–4}$$

从图3–7的趋势还可以看出，考虑了勘探成本的总可变成本规模经济性更明显，因为C_{post}^{T}（Q）与产量为幂函数关系，一阶导数为正，二阶导数为负，意味着具有边际可变成本递减的特征。抽象可以写为

$$C_{post}^{T}=\int_0^t (C_{posti}\times Q_i)\mathrm{d}i; MC_{post}^{T}=\frac{\partial C_{post}^{T}}{\partial Q}>0; \frac{\partial^2 C_{post}^{T}}{\partial Q^2}<0 \tag{3–5}$$

进一步补充考虑固定成本C_{fix}。资源型产业的一个重要特征就是固定成本在全部成本中比例巨大，而且由于资产专属性，固定成本用于投资的对象通常是具有特殊技术含量的设备，如大型挖掘机的购买、深井采矿平台的搭建等，这类成本投入是具有沉没性质的。表3–5反映了在2014年固定资产与主营业务成本比前十大产业中，一半以上是资源型产业。固定成本是一次性投入，与技术的关系和勘探成本相反，技术含量越高的设备价格越高，因此得到式（3–6）。

$$C_{fix}=F(K_{post},T_{post}); \frac{\partial C_{fix}}{\partial T_{post}}>0; \frac{\partial C_{fix}}{\partial K_{post}}>0 \tag{3–6}$$

表 3-5　2014 年中国各产业固定资产与主营业务成本比前十大产业

排名	产业名称	固定资产净额（万元）	主营业务成本（万元）	固定资产与主营业务成本比
1	水的生产和供应业	3969.27	1286.97	3.08
2	石油和天然气开采业	15037.21	5686.00	2.64
3	电力、热力的生产和供应业	72624.90	49977.35	1.45
4	煤炭开采和洗选业	19681.14	25029.00	0.79
5	燃气生产和供应业	2837.01	4548.85	0.62
6	烟草制品业	1288.01	2394.77	0.54
7	开采辅助活动	984.10	1917.95	0.51
8	金属制品和机械	332.57	722.84	0.46
9	造纸和纸制品	5323.95	11714.37	0.45
10	有色金属矿采选业	2106.70	5186.87	0.41

数据来源：国家统计局官网，http：//data.stats.gov.cn/easyquery.htm?cn=C01。

为了更明确地反映可耗竭资源型产业的规模经济特征，可以通过数据拟合找出中国资源企业总成本和产量的关系。从数据的可获得性上来说，勘探成本在目前资源开采企业的总成本核算中难以计算，因此本节用2011—2013年煤炭上市公司的产量数据和主营业务成本数据进行拟合，主营业务成本严格上是资源开采的总可变成本。拟合结果如图3-8所示。

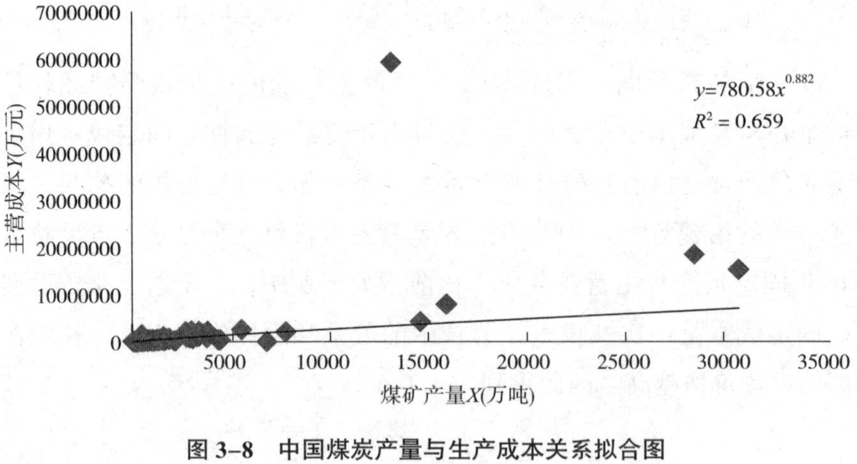

图 3-8　中国煤炭产量与生产成本关系拟合图

资料来源：笔者根据国家统计局公布的煤炭产量和成本数据自行绘制。

从拟合函数的形态来看，是符合前述对可耗竭资源型产业存在规模经济性的直观推断的。下面重点分析规模经济特征。

3.2.2 成本劣加性与规模经济性

为了更加明确资源型产业的成本特征，为政府规制提供更加充分的理由，本节根据资源型产业的成本特征，进一步深入探究中国可耗竭资源是否具有一定程度的成本劣加性。

成本劣加性是一个产业具有自然垄断特性的充分条件，是鲍莫尔、潘扎和维利格（Baumol，Panzar，Willig，1982）用来描述自然垄断的一个特征。维斯库斯等（Viscusi，1995）认为，成本劣加性是定义自然垄断的最好方法，因为自然垄断的基本特征是在一定的产出范围内，生产函数呈规模报酬递增的状态，即生产规模越大，产品的单位成本越小。与上述定义类似，沃特森（Waterson，1988）认为自然垄断指的是几家企业的联合生产不及单一供给者提供相同产量时的成本更低，即“单个企业能比两家或两家以上的企业更有效率地向市场提供同等数量的产品”。从图3-9可以看出，由于规模经济性明显，因此垄断厂商的产量将会很大。如果要实现竞争，则需要存在多个厂商，成本劣加性使每个厂商的平均价格反而高于垄断厂商的价格。

为了探寻中国资源型产业的成本特征是否存在上述劣加性，本节选取中国煤炭、黑色资源、有色资源三个产业，用1999—2015年的产量数据和主营业务成本数据初步拟合了资源型产业的平均成本与产量的关系，得到图3-10。可以清晰地看出，中国资源型产业的平均成本与产量的关系呈现近似的“L”形，说明在达到某一规模以前，平均成本是非常高的，但是达到一定规模之后，平均成本迅速下降，图3-10反映出中国目前仍有一部分企业的平均成本非常高。

需要注意的是，此处估算的平均成本为平均主营业务成本，如果加上固定成本，成本劣加性可能会更加明显。因此，中国资源型产业虽不具有严格意义上的自然垄断特征，但是具有一定的成本劣加性、明显的规模经济性及最低的有效生产规模。

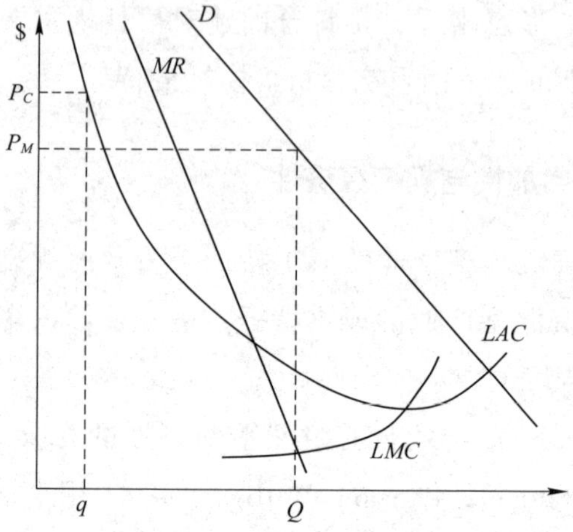

图 3-9　规模经济与自然垄断

资料来源：维斯库斯，等. 反垄断与管制经济学［M］. 北京：中国人民大学出版社，2010.

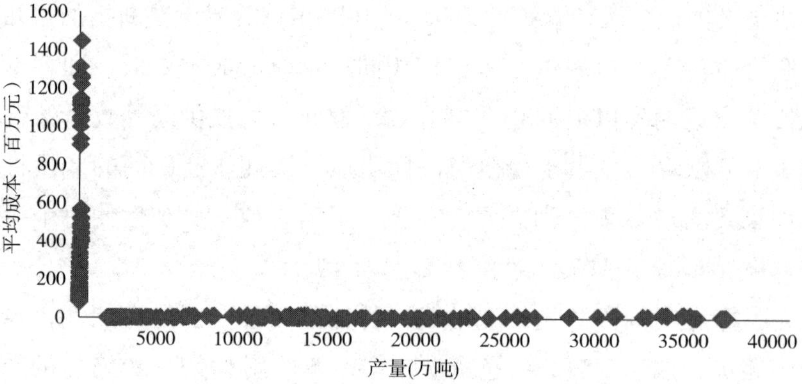

图 3-10　中国资源型产业的平均成本曲线拟合图

数据来源：根据相关上市公司的公开年报整理计算得到。

3.3　价格特征

如果成本的高低部分决定了一段时期内的资源供给，那么价格则是反映市场需求和供给的风向标。不考虑存在垄断或寡头垄断等类似的价格决定方时，竞争市场的供求关系决定了一段时期的资源均衡价格。通常而言，资源型产业的需求是与一国的经济发展水平密切相关的，是典型的经济周期性产业。于立宏（2007）指出，中国的煤炭市场经历了从短缺到供过于求，又到供不应求的周期性波动，原因在于与煤炭消耗相关的各类产业均容易受到经济变化的影响。

3.3.1 资源廉价消耗助推经济快速发展

作为其他产业的供应方和原动力，资源构成了其他产业的投入品，以货币形式存在于其他产业的成本函数中，同时受到相关产业链的发展影响。中国煤炭、铁矿石、有色金属的快速开采是从20世纪80年代开始的，与改革开放和经济的快速增长同步。图3-11是1990—2013年中国经济增长与煤炭产量的线性拟合图，可以发现煤炭产量和经济增长的关系呈现明显的正相关关系，也反映出中国的经济增长在很大程度上是资源驱动的。如果不改变经济发展的结构，那么中国经济的持续高速增长很可能会以牺牲大量资源为代价。

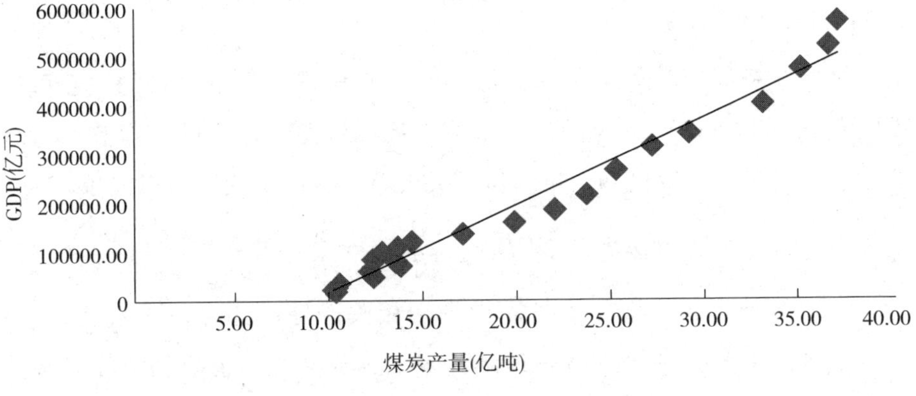

图3-11 煤炭产量与GDP的线性关系散点图

数据来源：根据中国统计局官方网站整理获得。

在传统依赖资源驱动的供给结构下，中下游产业链对煤炭等资源的依赖程度很高（图3-4也反映了这一点），这也间接决定了煤炭等资源的出厂价格。图3-12煤炭价格的变动可以反映1995—2014年的供求关系。从趋势来看，煤炭价格在1997—2000年较低，可能缘于当时中国煤炭需求出现短期波动、供应过剩、价格下跌，在2001—2012年一直处于上升趋势，尽管中间有小幅回调，但一直处于供不应求的状态；2012年价格再次下降，主要因为受到宏观经济波动的影响，需求出现下滑，出现了供大于求的情况。可以发现煤炭价格受下游行业和整体经济形势影响非常明显。

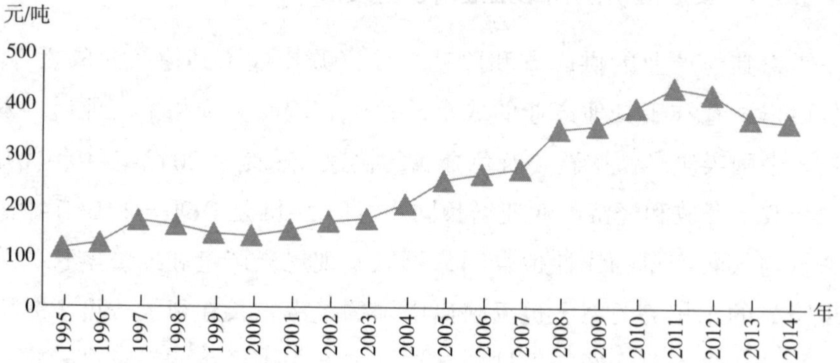

图 3–12　1995—2014 年中国煤炭年平均价格走势图

数据来源：根据国家统计局生产者价格指数及于立宏《中国煤电产业链纵向安排与经济规制研究》第74页整理得到。

排除经济周期等外部因素的影响，分析价格与产量本身的关系可以粗略刻画可耗竭矿产资源的需求函数。耗竭资源在一定的库存和不考虑替代品的情况下，价格和产量为负相关关系，其需求函数可以简单写为

$$Q=F(P_t,GDP,\cdots);\frac{\partial Q}{\partial P_t}<0;\frac{\partial Q}{\partial GDP}>0 \qquad (3\text{–}7)$$

资源型产业的价格除了与需求密切相关以外，还与技术直接相关。技术水平的上升，会因为减少边际开采成本而间接降低价格。霍特林法则指出，在不考虑资源开采成本变化的情况下，资源价格的上涨速度约等于一国当期的利率，这是因为考虑到资源的耗竭性，市场会预期未来的单位开采成本会上升，为了保证跨期套现的利润水平相同，因此第t期资源开采的动态均衡价格P_t可以表示为

$$P_t=P_0\exp(r\times t) \qquad (3\text{–}8)$$

3.2节中图3–7已经给出了由于技术进步导致成本降低使资源供给曲

线出现间断点的情况，因此，技术进步引发的价格变化直接体现了开采成本的变化。

3.3.2 有限替代品使资源价格陷入“绿色悖论”

影响耗竭资源价格的另一个重要因素是替代品。3.1节的分析已经指明资源型产业的替代品是有限的，进一步考虑价格因素，还须研究有限替代品出现之后对资源价格的影响。如果在t_1时刻出现替代品，市场预期会减少t_1时刻对原有资源的需求，进而导致t_1时刻资源价格下降。作为经济理性人，如果已经预期到t_1时刻资源的价格下降，那么在t_1-1时刻会增加现有资源的供给，从而进一步导致了t_1-1时刻资源的价格下降。依次逆推，可以发现原本资源的价格因为预期出现的替代品，出现价格整体下降的趋势（见图3–13）。

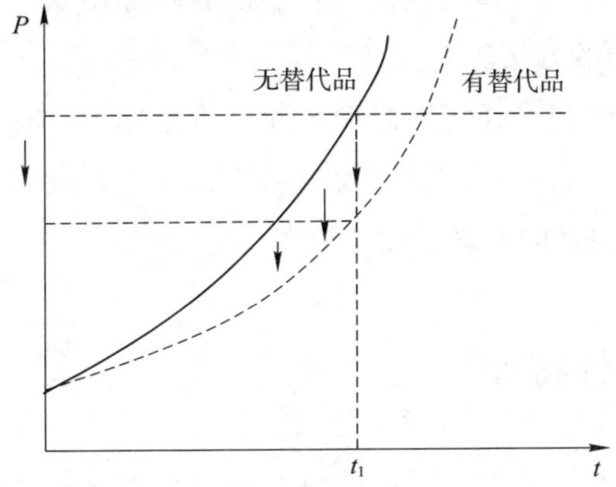

图3–13 替代品出现对耗竭资源价格的影响

资料来源：笔者根据“绿色悖论”原理自行绘制。

替代品的出现导致了资源型产业的价格下降，价格下降带来需求量的上升，由此增加了每一期现有资源的开采。也就意味着，当预期未来将出现替代品时，会加速对现有资源的开采，从而导致不可再生资源出现更严重的耗竭问题。这就是著名的“绿色悖论”（green paradox）。“绿色悖论”的核心结论是：人类对抗气候变暖的行动和政策会导致化石能源需求量下降，从而削减这些能源的消费量，作为回应，那些化石燃料的供应国会向市场投入大量资源，如石油，因为它们认定石油将成为未来能源市场的弃儿。如同一个循环，大量石油进入市场会导致供应激增，供求关系被打破之后，油价势必下降，最终导致石油需求不减反增。因此，一切力图保护气候的尝试终将回到原点。

“绿色悖论”的主要提议者是德国慕尼黑经济研究所的汉斯·维尔纳·辛恩。辛恩多次警告称当前的大部分气候政策是为了减少对化石燃料的需求，如对燃料消费量进行征税，以及对低碳能源的提供者进行财政补贴，而这些势必会引起化石燃料价格的下跌。实际上，辛恩的研究结果主要建立在两个假设之上：一是可耗竭资源储量的外生性；二是不存在替代技术。实际上，从中国可耗竭资源的特性上来说，储量外生性的假设确实存在，而且目前的替代技术的确有很大的局限性，因此对不可再生资源来说，不可预测或是突发性的替代品出现或许才是可能解决“绿色悖论”问题的方法。

综上所述，中国可耗竭资源型产业的价格除了具有一般资源型产业的普遍特征以外，既受到产量、价格影响，还受到技术水平和替代品影响，且每个影响因素的不确定性均较高。

3.4 外部性特征

前文描述的资源型产业出现储量急剧下降和过度开发仅仅是表象问题，更深层次的探究，落脚点就是负外部性。其中，第一个负外部性是由储量下降带来的代际不公平，第二个问题是由乱砍滥伐带来的生态破坏和环境污染。第1章、第2章已就代际外部性和环境外部性的定义予以解释，可以看出，双重外部性在中国出现已久，且目前国内的研究对两者的综合探讨尚为缺乏。本节从定性的角度探究中国可耗竭资源型产业的双重外部性，剖析外部性的来源、成因和特征，为后文的理论建模和实证建模奠定基础。

3.4.1 产权不明晰造成代际内外的不公平

外部性的研究最早就与产权不明晰联系在一起。从产权角度来说，中国的矿产资源是公有制的，即“矿产资源属于国家所有，由国务院行使国家对矿产资源的所有权”“地下的矿产资源不因其所依附的土地的所有权或者使用权的不同而改变”“勘查、开采矿产资源，必须依法分别申请、经批准取得探矿权、采矿权”。[①]

在目前不甚完善的产权制度下，因为每个人都有使用权，在不受任何约束的情况下，容易出现无偿享用资源的情形，一个理性的经济人自然会以个人利益最大化为目标，从而不惜伤害他人的利益，由此出现“公地悲剧”的现象。过度砍伐的森林、过度捕捞的渔业资源及污染严重的河流和空气，都是“公地悲剧”的典型例子。之所以叫悲剧，是因为每个当事人都知道资源会由于一段时间的过度使用而枯竭，但每个人对阻止事态的继续恶化都感到无能为力。而且都抱着“及时捞一把”的心态加剧事态的恶化。中国目前的资源开采许可证制度尽管在一定程度上可以作为一个进入门槛，但是优先获取这一开采权的所有者会率先考虑资源耗竭的问题，因此这一代优先进入的产权人很可能在没有约束的前提下、在有限的时间内大量攫取资源并为当代人所有，使资源耗竭和环境污染问题不断恶化。这就是出现代际外部性的源头所在。

更关键的是，中国矿产资源的所有权和收益权实际上是相互分离的。这意味着即使在同一时期内，只有获得开采牌照的部分人或机构享有大量的资源并攫取收益，将公共利益化为私有。目前中国采矿权的获取，是在经过申请或竞标后，一次性支付“采矿权价款”（根据原国土资源部评估的矿产价值缴纳），同时每年支付“采矿权使用费”（按土地面积每年1000元/平方千米）、“资源补偿费”（销售收入的1%～4%）和“资源税”（根据不同矿种0.3～60元/吨不等）等。通常一个大型矿采矿权的最长年限是30年，中型矿为20年，小型矿为10年。[②]简单估算可以发现，中国大部分拥

① 节选自《中华人民共和国矿产资源法》第一章第三条。

② 数据来源：《矿产资源开采登记管理办法》第七条。

有采矿权的企业平均每年缴纳的上述费用不足销售利润的10%。

在这样的利润分配模式下，即使不考虑代际公平问题，对同一代人而言，部分拥有采矿权的集体或个人将本属于全社会的资源价值纳入了个人腰包。这一问题出现的动力在于，科斯的产权理论指出，产权人有较强的激励和动机不断提高企业的效益，因此在有限的产权期限内，最大化当前的利润成为产权人的最优选择。这也是在公有制的基础上，资源所有权和收益权分离的主要原因所在。

3.4.2 环境污染和生态破坏修复成本巨大

随着可持续发展受到越来越多的关注，除了代际公平的问题以外，环境污染和生态破坏更加直接地影响每一个人。PM2.5、PM10等空气污染指数越来越受到人们关注。2013年1月，亚洲开发银行和清华大学发布的《中华人民共和国国家环境分析》报告称，中国500个大型城市中，只有不到1%达到世界卫生组织推荐的空气质量标准，并且世界上污染最严重的10个城市有7个位于中国。2014—2015年雾霾问题持续，并且从华北蔓延到华东。空气污染的来源非常复杂，包括汽车尾气、工业的废气排放、冬季煤炭供暖、工业冶金、发电等，这些产业无一不与资源型产业密切相关。因此，考虑资源型产业的发展不得不考虑的另一个问题便是环境污染，即环境外部性。

除了空气污染外，过度开采使许多地区的森林、草原、土壤受到严重破坏。以某资源大省为例，铁矿的无序开采造成原来优美的大自然面目全非，生态链条的断裂使当地水土流失严重，畜牧业受到重创；相邻地区也因为大肆开采煤矿和发展电力，荒漠化严重。此外，谈及稀土问题，2012年《中国的稀土状况与政策》白皮书指出，2002—2005年，美国生产1千克稀土大概需要2.8美元的环境成本，但中国是5.6美元的环境成本，而当时稀土出口价是每千克5.5美元，低于环境成本，相当于“赔本的买卖”。何光伟（2012）也指出，某省拥有全国稀土储量的六成以上，但是由于滥采滥挖，该地区非但没有获益，反而饱受环境破坏之苦。南方某市曾经出现不少盗采稀土一夜暴富的人，但是落后的土法开采技术使得山体寸草不生，地下水源和农田严重酸化，如果要修复当地目前的生态环境，至少需要1000亿元资金，而当地一年的财政收入平均只有100亿元。

近两年中国政府出重拳治理环境问题。2013年国务院联合自然资源部（原国土资源部）提出“对自然资源产权制度进行改革”，明确了之前未列为资产的各类自然资源的产权，因为在暴利与巨大的环境破坏面前，原有矿业产权的管理缺失和地方政府的管制不合理显而易见。实际上包括河流、森林、草原、矿产、空气等在内，都应建立有效的自然资源资产产权制度。

2017年党的十九大报告进一步明确提出，“为把我国建设成为富强民主文明和谐美丽的社会主义现代化强国而奋斗”。其中社会主义现代化奋斗目标从“富强民主文明和谐”进一步拓展为“富强民主文明和谐美丽”。增加“美丽”，意味着对环境建设的总体布局与现代化建设目标有了更好的对接。党的十九大报告尤其强调“建设生态文明是中华民族永续发展的千年大计，必须树立和践行绿水青山就是金山银山的理念；坚定走生产发展、生活富裕、生态良好的文明发展道路，建设美丽中国，为人民创造良好生产生活环境，为全球生态安全作出贡献”。可见生态环境问题已经上升到国家战略层面。

3.4.3 外部性特征的模型化和交易成本

阿罗（Arrow，1969）曾指出，外部性的出现就是因为没有可以交易的市场，如果产权明晰，外部性就可以通过产权建立市场，以价格的形式得以有效解决，重新配置资源及相关收益。如果将代际公平、生态平衡、空气质量都赋予公共产权，那么现有的采矿权拥有者需要额外承担更多的由开采造成的代际损失和环境破坏损失，由此将改变企业内部的成本收益核算。本节用简单的理论模型进行推演。

C^E（costs of externalities）表示外部性成本，边际外部性成本MC^E随产量的增加而上升，即

$$C^E=f(Q);MC^E=\frac{\partial C^E}{\partial Q}>0;\frac{\partial^2 C^E}{\partial Q^2}>0 \quad (3\text{-}9)$$

由于边际生产成本递减，边际外部性成本递增，因此总边际社会成本 MC^S 与产量 Q 的关系取决于边际生产成本递减率和边际外部性成本递增率的大小。

如果 $\left|\frac{\partial^2 C^E}{\partial Q^2}\right| = \left|\frac{\partial^2 C_{post}}{\partial Q^2}\right|$，则总边际成本与产量呈线性关系；

如果 $\left|\frac{\partial^2 C^E}{\partial Q^2}\right| < \left|\frac{\partial^2 C_{post}}{\partial Q^2}\right|$，则总边际成本随产量的增加而递减；

如果 $\left|\frac{\partial^2 C^E}{\partial Q^2}\right| > \left|\frac{\partial^2 C_{post}}{\partial Q^2}\right|$，则总边际成本随产量的增加而递增。

图 3-14[①] 反映了第一种情况，此时在增加了外部性核算的情况下，均衡产量降低，均衡价格上升，并减少了一部分相应的外部性损失（图中阴影区域）。

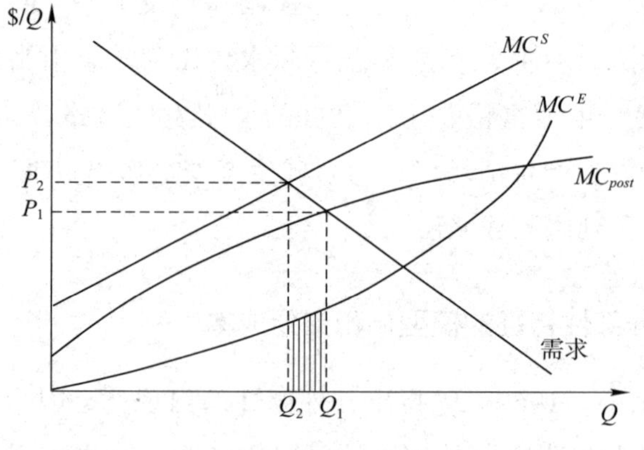

图 3-14 含外部性成本的资源企业供求变化

进一步考虑外部性对福利的影响。无论是代际外部性还是环境外部性，都会导致外部不经济，这种不经济可以理解为生产过程中社会成本和私人成本的货币化差额。以代际外部性为例，当矿产资源的产量增加时，剩余储量将减少，耗竭性加剧，因而代际外部性随产量上升而递增。

① 图 3-14 和图 3-15 均参考 Mankiw(2007) 的 Principles of Microeconomics, 4th edition, page206 Figure 2 绘制，不同之处在于此处外部性成本设为随产量增加的边际递增，因此 MC^E 和 MC^S 为凸的上升曲线，而边际私人成本和需求曲线与 Mankiw 的图形一致。

图3–15反映了外部性与社会最优产出的关系，图中每单位产出的边际外部性成本用MC^E表示（社会成本高出私人成本的部分），MC^S和MC^P分别表示边际社会成本和边际私人成本。区域ABC和DEQ_1Q_2分别表示加入外部性核算之后，获得的外部性收益和社会收益。可以发现，如果忽略外部性，市场均衡产量Q_1大于最优产量Q_2，均衡价格P_1小于最优价格P_2，外部性成本大于0。然而，图中外部性成本通常厂商并不纳入自身的会计核算，由此容易造成社会福利的损失。

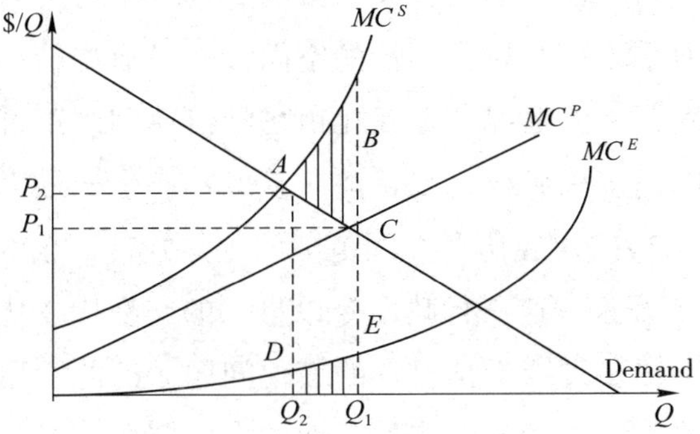

图 3–15　外部性、成本变化与社会最优产出

当然，上述简单模型是在理想条件下的分析，信息完全对称，产权足够明晰，外部性能够测量，进而得到如上的均衡价格和产量。但是在产权不明晰、外部性尚未明确计量之前，是很难得到资源型产业外部性的价格的。

下面分析交易成本。

对于矿产资源来说，采矿权的获得往往有很多的讨价还价成分，由此产生了巨额的“交易成本”。例如，某省稀土和铁矿石的大量盗采在很大程度上是由个别政府官员出现“寻租”行为造成的。由于受到高利润回报的诱惑，一些地方的个别地方官员选择了与企业合谋，从而充当了资源过度开采的保护伞。近年来，有报道称多地官员纷纷因此落马。这种腐败行为造成国家资产的巨额损失，即使个人身陷囹圄，也再难挽回稀土不当开采对地方经济造成的损失。

交易成本主要应用于解决公共产品（public goods）的分配问题，如公地资源（common pool resources）、环境保护等。因此，在考虑中国资源型产业外部性的时候，需要考虑这项成本。由于资源价值的不确定性，要获得准确的采矿权一次性支付价格难上加难，在申报、竞标各个环节，都会出现交易成本。德姆塞茨（Demsetz，1968）指出，交易的集中化和标准化可以减少交易成本，这本应该是政府的职能所在，但是由于权力集中，也为“寻租”提供了可能。

交易成本的问题在中国一直较少得到重视，因为资源的初始采矿权由政府分配，似乎不存在讨价还价的空间，交易成本较小。但是由于目前已经出现过度开采的情况，在深化市场经济体制改革过程中，如何逐步收回已放出的过多采矿权，是目前交易成本产生的最大源头。煤炭产业曾经在2007—2011年经历了全国范围的关停并转，企业数量由原来的8万家缩减为1.5万家，这一行政命令以最小的交易成本优化了煤炭产业结构，但也带来很多过度干预引发的其他问题。因此，用有效的市场手段调整产业结构，一方面需要将外部性成本内部化，另一方面还要考虑如何降低交易成本。

3.5　对外依赖与资源安全

自1978年改革开放以来已经40余年，中国经济与国际经济的关系日趋密切和复杂。作为仅次于美国的世界第二大经济体，中国在2001年加入世界贸易组织后，一方面努力拓展中国产品的国际市场，另一方面也受到各种相关限制和影响，包括国际市场的价格波动、供求变化以及世界贸易组织的规范条款等。多年以来引入外商投资是中国地方经济发展的重要驱动力，这无疑加大了对外的依赖程度。

可耗竭资源中很多资源由于其特殊的经济地位需要受到特殊保护，因此国家长期限制外资对于采矿业的投资，使采矿业的外商投资项目数量从2007年起明显减少，从200多个降到不足100个（见图3-16）。但是值得注意的是，尽管这些项目个数在减少，但是项目金额却上升迅速，从图3-16可以明显看出，中国采矿业的外资注入呈现隔年增加的情况，且长期趋势是上升的，这与项目个数的下降趋势正好相反。因此，中国采矿业的对外依赖程度实际上仍然处于不断上升的状态，对于战略性资源来说，是存在一定风险的。

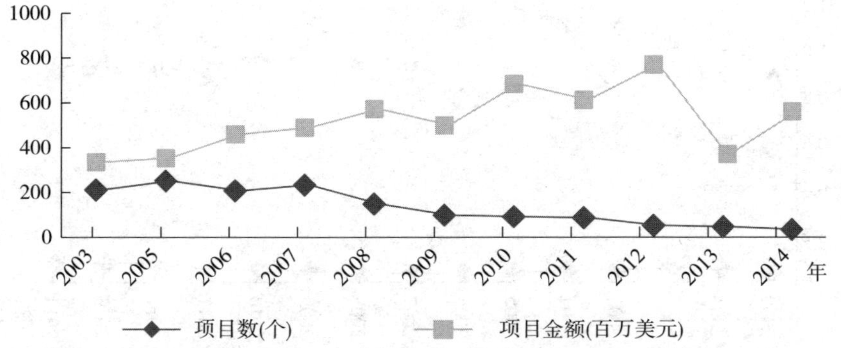

图 3-16　2003—2014 年中国采矿业外商直接投资项目个数及金额变化图

数据来源：中国国家统计局官网，http：//data.stats.gov.cn/workspace/index?m=hgnd。2004年数据缺失。

作为不可再生的战略性资源，不得不考虑的一点是能源安全问题。例如，石油是影响经济命脉的重要资源，美国国会、安保局和环保局之间就一直针对石油对外依赖问题争论不休，美国安全局认为过多的对外依赖会影响美国国内的石油价格和供需波动。相反，过度开采本国石油又有资源耗竭、环境污染等问题，因此遭到美国环保局的强烈反对，这个矛盾在美国仍然处于争论和博弈的状态。

无论是煤炭、石油、铁矿石还是有色金属，这些资源在中国都直接或间接关系到民生问题，是限制开采还是扩大开采、是鼓励进口还是限制出口都事关整个国民经济的发展，与此相关的政府决策无疑会影响到市场对于资源价格的预期。图3-17反映了这三类资源的对外依赖程度，可以看出三大资源型产业中，煤炭的对外依赖程度最低，进出口总量还不及国内产量的20%，铁矿石的对外依赖程度最高也上升得最快，而有色金属的对外依存度一直徘徊在1左右，即进出口总额和国内产量相当。

一方面，从安全角度来说，煤炭安全性最高，而金属类资源的安全性较低。另一方面，从外部性角度来说，国内煤炭资源的耗竭和生态破坏程度最严重。因此，如何平衡国家能源安全与环保两个问题，也是中国政府规制的重要考虑因素之一。

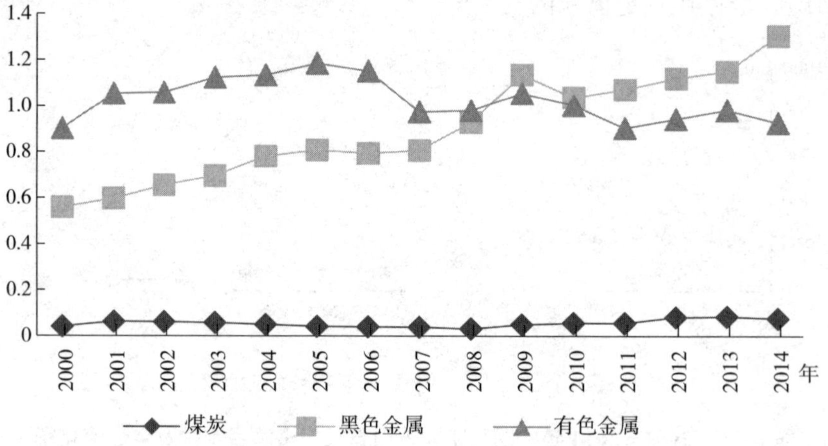

图 3-17　2000—2014 年中国资源型产业对外依存度变化

数据来源：根据中国国家统计局官网（http：//data.stats.gov.cn/workspace/index?m=hgnd）公布的数据计算得到。其中对外依存度计算方法是（进口数量+出口数量）÷国内产量。

另外，中国有色金属的出口以未锻造的原始金属为主，包括未锻造的铜、锌、锡等，但是进口则主要以精矿为主。这也反映出了中国在有色金属的提炼和加工方面存在技术落后的现象。“粗矿出，精矿进”，第一是容易造成原始资源流失，第二是精矿价格远高于粗矿，造成进口成本远高于出口收益，且被国外技术垄断。

中国长期以来以初加工产品和劳动密集型产品为主要出口产品，尽管低廉的价格在一方面打开了国际市场，但也一直因为疑似“低价倾销”而受到国外企业的抵御和国际舆论的诟病。另一方面，中国进口主要以高新科技和装备为主，价格高昂，技术含量高。产业经济学中的“微笑曲线”反映了在一条产业链中，前期研发和终端销售的收益率远高于中间制造业，而中国正好将高收益率的两端都排除在外，一方面出口廉价金属原材料，另一方面高价进口高端产品，同时又在中间充当世界的低级加工工厂，不仅利润水平很低，而且增加了很多污染来源。

因此，考虑外部性之后，增加进口或减少出口等“开源节流”的措施直观上的确可以减少或避免代际外部性的产生，同时也减少了在开采过程中对环境和生态的破坏，对于中国资源型产业存在明显的益处，但是由此增加的对外依赖程度也可能增加风险。因此，如何在保证能源战略安全的情况下适当扩大进口，是政府治理开放经济环境下可耗竭资源的另一个挑战。

综上所述，通过梳理中国可耗竭资源型产业的特征可以看出，中国长期以来的经济发展取得了长足的进步，但是伴随而来的各种资源问题非常严峻，而且已经出现的各种资源问题会严重限制未来中国经济的长效发展和健康转型。因此，资源的过度开采与流失，以及各类生态污染及环境破坏必须得到持续的关注和重视。

目前，信息不对称和不确定容易让中国资源型产业出现过度进入等相关问题，传统的直接管制在解决上述问题中已经表现出其局限性，因此引入基于市场机制的政府进入规制是有必要的，这也有利于国有企业角色和职能的转换。因此，在供给侧结构性改革背景下，改变目前的监管体系和规制机制已经非常必要。

第4章
加入外部性的间接进入规制模型

中国的经济发展已经步入转轨期，前文的描述性研究反映了中国目前仍有很多出现负外部性的行业同时存在“进入企业过多”“全行业长期低效益”和“仍然有许多新企业继续进入”的问题。就可耗竭的矿产资源而言，长期过度开采使不可再生的资源耗竭加剧，产生了代际不公平的问题，这种代际不公平在短期内都很难找到替代资源予以弥补，因此形成了这类产业的代际负外部性。同时资源型产业已经长期出现“产能过剩”的情况，却仍然有新企业进入，不仅加剧了资源耗竭的问题，而且造成当地土壤、植被、空气的破坏，这是环境外部性的来源。本章将两类外部性抽象为产量的成本函数，纳入过度进入定理和进入规制模型中进行规范分析。

目前中国矿产资源采掘及初加工行业的进入条件主要有经济条件（如固定资产投资）以及准入条件（即采矿权）两种，个别产业有产量的配额限制（如稀土开采的配额）。根据原国土资源部（自然资源部）的统计，2010—2014年中国新立采矿权之和为20277家，年均4000家以上，仅2014年一年的采矿权出让价款达到59.46亿元[①]。可以看出，在产能过剩的宏观背景下，仍然有大量新企业进入，目前尚未限定相关的企业数量，或出台产量、价格限制等政策限制进入。因此，该产业存在由负外部性导致的市场失灵问题，但本质上没有受到真正的准入规制。

第2章相关文献阐明了政府干预是可以解决外部性等引起的市场失灵

① 数据来源：中国自然资源部官网，http://www.mlr.gov.cn/zygk/.

问题的，目前解决外部性和市场失灵的常用经济规制手段有税收、补偿、产量限制等，但外部性的研究通常会面临两个难点：一是难以衡量；二是难以解决。前述方法均面临外部性难以衡量的不确定性问题，因此本书选取事前的进入规制为核心进行分析。

与价格、产量等事后规制不同，进入规制是一种事前规制，一个有效的进入规制要实现两个目标：一是减少市场失灵；二是不形成容易降低社会福利的行政壁垒（Stigler，1971；Von Weizsacker，1980）。进入规制主要可分为两类：一是直接进入规制，即限定某一产业内的企业数量，直接进入规制的主要问题是政府作为信息劣势一方，很难准确识别最优企业数量与产量，可操作性较差。二是间接进入规制，即增加国有股权比重，实现企业资产的部分国有化[①]。国有资本的介入可以改变企业的效用目标，间接帮助政府实现减少成本、风险控制等目标。这在欧洲和日本得到了广泛的认可和应用，尤其是资源垄断行业（Bos，1991）。

自20世纪80年代开始，将国有化作为一种进入规制手段的研究日渐增多，主要观点是“当直接规制的信息成本非常高时，国有化可能被作为直接准入规制的替代选择；即便在直接规制情况下，也可以作为规制机构获取信息的一种补充途径”。在第2章提到的MK模型中，没有自由进出时，国有企业私有化是较好的选择；存在企业自由进出时，应提高国有企业股权份额从而提高社会福利。可以发现国有化的效果取决于适当的直接准入条件，但由于上述模型没有考虑存在负外部性的情况，因此国有化在存在负外部性行业中的作用仍然有待探讨。

中国始于20世纪90年代的国有企业改革实践证明，在国有企业中引入私人资本的混合所有制有效促进了生产率的提高。党的十八届三中全会以及2014年政府工作报告进一步提出“加快发展混合所有制经济”的思路，国有企业与私有企业融合成为新一轮改革的重头戏。然而，对于资源型产业而言，资源的产权属于全民所有，国有股权的存在是公有制的代表，单纯引入私人资本的混合所有制改革是否真的能够提高效率是

① 本书的国有化均指提高企业国有股权的份额，私有化则相反。

有待验证的，国有化本身是否能够在转变职能后起到间接进入规制的作用，本章将予以重点分析。

4.1 存在外部性的过度进入模型

在分析国有化作为间接进入规制之前，本节首先讨论线性需求下，对存在进入成本和负外部性的产业实施进入退出规制的必要性。具体通过对比自由进入和社会最优两种假定下，企业均衡数量、产量、价格的变化。

4.1.1 模型设定

模型中的变量和函数沿用维斯库斯（2004）对过度进入研究的假设，具体如下：

（1）企业生产的产品为同质品，总产量为Q，$Q=\sum_{n}^{i=1} q_i, i=1,2,3,\cdots,n$，$n$表示企业数量。需求函数$p(Q):R^+\rightarrow R^+$，且$P=a-bQ$，其中，$a>0,b>0$。

（2）f为进入成本（即构成沉没成本的重要组成部分），c为边际成本，满足二阶可微条件，且$f>0,0<c\leqslant a$。

（3）社会总福利W（social welfare）为企业利润与消费者剩余CS（consumer surplus）之和：$W=\sum_{n}^{i=1}\pi_i+CS$，其中，$\pi_i=P\times q_i-(f+cq_i)$，消费者剩余为：$CS=\frac{1}{2}b\times Q^2$。

（4）市场环境是自由进入的，政府不限定企业数量，无直接进入规制。

4.1.2 自由进入下的企业均衡数量

在一个完全竞争的市场中，企业追求利润最大化，对称信息条件下，古诺竞争的一阶条件为

$$\frac{\partial \pi_i}{\partial q_i}=a-2bq_i-b\sum_{j\neq i}^{n}q_j-c=0 \tag{4-1}$$

其中，j为除企业i之外的其他企业。

为求解最优企业数量，此时增加假设（5）。

（5）假设充分竞争的均衡条件下，每家企业的市场产量相同，市场份额均为

$$\frac{q_i}{\sum_{1}^{n}q_i}=\frac{q_i}{n\times q_i}=\frac{1}{n} \tag{4-2}$$

因此有

$$\sum_{j\neq i}^{n}q_j=(n-1)q_i \tag{4-3}$$

则均衡产量和价格分别为

$$q_i^*=\frac{a-c}{b(n+1)},\quad P^*=\frac{a+nc}{n+1}; \tag{4-4}$$

此时总产量、消费者剩余和利润分别为

$$Q^*=\frac{a-c}{b(1+1/n)};\quad CS=\frac{(a-c)^2}{2b(1+1/n)^2};\quad \pi^*=\frac{(a-c)^2}{b(n+1)^2}-f \tag{4-5}$$

可以看出，随着企业数量的增加，单个企业的产量和利润均减少；并且总产量随n的上升而上升，消费者剩余增加。

在自由进入条件下，均衡的企业数量是当最后一个进入企业的经济利润为0，因此可以推出：

$$\pi^*=0\Rightarrow n^*=\left[\frac{(a-c)^2}{fb}\right]^{\frac{1}{2}}-1 \tag{4-6}$$

将均衡企业数量代入价格，化简得到

$$P^*=c+(fb)^{\frac{1}{2}} \tag{4-7}$$

不难发现，此时的均衡价格高于边际成本c。进入成本为0时，均衡价格等于边际成本，自由进入是符合社会福利最大化的经典假设的。当进入成本大于0，会使市场的均衡价格高于边际成本，进而诱使新企业不断进入，打破原有的均衡，造成在位企业低利润甚至负利润的情况。

进一步考虑社会福利 $W=CS+n^*\pi^*$，将均衡价格和产量代入福利方程，化简得到

$$W=\frac{(a-c)^2}{2b}\times\left(\frac{n}{n+1}\right)^2+\frac{(a-c)^2}{b}\times\frac{n}{(n+1)^2}-nf \quad (4\text{–}8)$$

最大化一阶条件为 $\frac{\partial(W)}{\partial n}=0$，可以计算得到社会福利最大化时的企业数量：

$$\left(n^{W*}+1\right)^3=\frac{(a-c)^2}{fb}\Rightarrow n^{W*}=\left[\frac{(a-c)^2}{fb}\right]^{\frac{1}{3}}-1 \quad (4\text{–}9)$$

比较式（4–6）和式（4–9）可以发现，自由进入均衡条件下的企业数量大小和社会福利最大化条件下的企业数量大小均取决于纳入核算的进入成本的大小；

情景（i）：当 $f<\frac{(a-c)^2}{b}$ 时，$n^*>n^{W*}$，容易出现过度进入的情况；

情景（ii）：当 $f>\frac{(a-c)^2}{b}$ 时，$n^*<n^{W*}$，则未出现过度进入。

因此，自由进入时，如果某一产业的进入成本很高，由此形成进入壁垒，即使市场价格高于边际可变成本，也不会导致过度进入产生。但是资源型产业的现实情况是，进入成本确实存在，但并不高，且容易通过减少投入或其他非法手段人为地降低，此时是容易出现过度进入的，此时为了逐利而进入的企业数量会远高于社会福利最大化条件下的最优数量，由此造成福利损失。这是资源型产业需要政府的准入规制的第一个必要性。

下面进一步分析存在外部性的情况。

4.1.3 考虑外部性的企业数量和社会福利

下面进一步在上述模型基础上加入负外部性。假设外部性并不影响企业行为，只影响社会福利，是产量的增函数，即

$$C^e=C^e(Q),C^e(0)=0,\frac{\partial C^e}{\partial Q}=e_Q\geqslant 0,\frac{\partial e_Q}{\partial Q}\geqslant 0 \quad (4\text{–}10)$$

其中，e_Q为外部性的边际成本[①]。此时社会福利W'可以写为

$$W'=\sum_{1}^{n}\pi_i+CS-C^e(Q) \tag{4-11}$$

将式（4–4）的均衡结果带入W'可以得到

$$W'=\frac{(a-c)^2}{2b}\times\left(\frac{n}{n+1}\right)^2+\frac{(a-c)^2}{b}\times\frac{n}{(n+1)^2}-nf-\frac{en(a-c)}{b(n+1)} \tag{4-12}$$

求解社会福利最大化$\max W'$，有$\frac{\partial(W')}{\partial n}=0$，化简得到此时的最优企业数量$\hat{n}$满足：

$$(\hat{n}+1)^3=\frac{(a-c)^2}{bf}-\frac{e_Q\times(a-c)(\hat{n}+1)}{bf}$$

$$\Rightarrow \hat{n}<\left[\frac{(a-c)^2}{bf}\right]^{\frac{1}{3}}-1\Rightarrow \hat{n}<n^{w*} \tag{4-13}$$

从式（4–13）可以发现，存在外部性时，社会最优企业数量低于不存在外部性时的最优企业数量，此时如果仍然自由进入，当进入成本较低时，更容易激励市场外部的潜在进入者进入，引发无序竞争，压低价格，造成市场配置的失灵，所以外部性的存在是资源型产业需要进入规制的第二个理由。

因此，进入成本的存在使自由进入的均衡价格高于边际成本，容易诱导新企业进入。但如果是技术性的、很难降低的进入壁垒，会有效挡住很多的潜在进入者。如果存在负外部性，且负外部性没有被纳入企业内部核算时，会加剧过度进入造成的福利损失。因此对于存在负外部性的产业，如果进入成本不足以挡住潜在进入者，过度进入是很容易发生的，因此需要政府实施合理的进入规制。

4.2 考虑外部性的进入规制模型

MK模型发现全资的国有企业在追求福利最大化时不如混合所有制的

① 此处对于外部性成本的假设，主要基于资源型产业代际外部性特征设立，由于资源耗竭会随着产出增加而加剧，因此外部性随产量变化呈现“J”形的特征。

国有企业，而且国有化程度较低时，国有企业才会追求福利最大化。该模型没有考虑资源型产业的特性，因而在具体行业的解释力较为有限。本章将在MK模型的基础上加入负外部性成本，将普通生产成本扩展为社会总成本，分析混合市场中，不同国有股权下企业行为的变化以及社会福利的变化。MK模型还指出，短期内数量外生时，不应采取国有化的规制策略，本书将加入负外部性后，对这部分结论予以进一步讨论。

4.2.1 模型设定

4.2.1.1 变量和函数设定

为区分国有企业和私有企业，假设如下：

（1）F_0为国有企业[①]，F_i为私有企业，其中i=1,2,3,…, n。为简化分析，此处设定在这个混合市场中，国有企业只有一家。

（2）设国有企业和私有企业的外部性成本分别为$C_0^e(q_0)$和$\sum_{n}^{i=1}C_0^e(q_i)$，社会总福利为：

$$W=\int_0^Q p(q)\mathrm{d}q-\left[C_0^S(q_0)+\sum_{n}^{i=1}C_i^S(q_i)\right] \tag{4-14}$$

其中，$Q=q_0+\sum_{n}^{i=1}q_i$为社会总产量；$C_0^S(q_0)=C_0(q_0)+C_0^e(q_0)$为国有企业社会总成本，而$\sum_{n}^{i=1}C_i^S(q_i)=\sum_{n}^{i=1}\left[C_i(q_i)+C_i^e(q_i)\right]$为私有企业的社会总成本。

（3）设企业收益为U，其中私有企业将利润最大化作为目标，国有企业以利润最大化和社会福利最大化的加权平均为目标，权数即为国有股权份额α，$\alpha\in$（0,1）。

$$U_i=\Pi_i, i=1,2,\cdots,n;\quad U_0=\alpha W+(1-\alpha)\Pi_0 \tag{4-15}$$

4.2.1.2 基本假设

假设1：需求函数二阶可微，且$p'<0,\forall q$。

假设2：（沿用前文过度进入模型的假设）单个企业的外部性二阶可

① 该假设中的国有企业并非全资，而是国有股权份额最大，同时存在部分私有股权。

微，且均严格大于0：

$$C^{e'}(q)=\frac{\partial C^{e}(q)}{\partial q}>0,\quad C^{e''}(q)=\frac{\partial^{2}C^{e}(q)}{\partial q^{2}}>0,\quad \forall q\geqslant 0 \tag{4-16}$$

假设3：包括国有企业在内，每家企业生产的边际成本相等，即

$$c_0=c_i=c,\quad i=1,2,\cdots,n \tag{4-17}$$

其中，c为常数，f为进入成本，因此，总生产成本可以表示为

$$C(q)=f+c\times q \tag{4-18}$$

此时，国有企业与私有企业的成本差异仅在于外部性成本，而每家私有企业是同质的，因此，在完全信息下，单个私有企业的均衡产出相等，即有

$$q_1=q_2=\cdots=q_i=\cdots=q_n,\quad i=1,2,3,\cdots,n \tag{4-19}$$

4.2.1.3 模型刻画

在完全信息的条件下，一家国有企业和n家私企进行古诺竞争且各自在同一个时间点，独立、单独、同时进行决策。对式（4-15）求最优解，可以得出国有企业（Firm 0）和私有企业（Firm i）均衡策略的一阶条件分别为

$$\frac{\partial U_0}{\partial q_0}=(1-\alpha)p'q_0+p-(C'_0+\alpha C'^{e}_0)=0 \tag{4-20}$$

$$\frac{\partial U_i}{\partial q_i}=p'q_i+p-C'_i=0 \tag{4-21}$$

因此，最优反应函数可以写为

$$R_i(q_i)\equiv \operatorname{argmax}_{\{q_i\geqslant 0\}}U_i(q_i,Q_{-i}),\quad i=0,1,2,\cdots,n \tag{4-22}$$

其中，$Q_{-i}\equiv\sum_{i\in\{0,1,\cdots,i-1,i+1,\cdots,n\}}q_i$。此处增加第4个假设：

假设4：在静态完全信息的古诺竞争中，$R_i'(X_{-i})<0$，即国有企业和私有企业的产量为策略性替代。

4.2.2 模型分析

4.2.2.1 对国有股权份额的分析

满足上述4个假设的条件下，国有企业和私有企业的均衡产出分别为

$$q^*_0(\alpha,n)=R_0(nq^*_1),\quad q^*_i(\alpha,n)=R_1[q^*_0+(n-1)q^*_i] \tag{4-23}$$

此时企业数量n为外生变量。为简化计算，并与4.2.1节相对应，简化需求函数为线性需求，求解反应方程式（4–22）可以得到

$$q_0^* = \frac{a + c - 2\left(c + \alpha C'^e_0\right)}{(3 - 2\alpha)b} \tag{4–24}$$

$$q_i^* = \frac{(1-\alpha)a - (2-\alpha)c + \left(c + \alpha C'^e_0\right)}{(3 - 2\alpha)bn} \tag{4–25}$$

对式（4–24）、式（4–25）求解关于α的全微分，可以得到

$$\frac{\mathrm{d}q_0^*}{\mathrm{d}\alpha} = \frac{2(a-c) - C'^e_0 - 2(3-2\alpha)\alpha C''^e_0}{b(3-2\alpha)^2} > 0 \tag{4–26}$$

$$\frac{\mathrm{d}q_i^*}{\mathrm{d}\alpha} = \frac{-(a-c) + 3C'^e_0 + (3-2\alpha)\alpha C''^e_0}{bn(3-2\alpha)^2} < 0 \tag{4–27}$$

由此得到引理1。

引理 1：在混合市场中，国有股权份额增加即α上升时，q_0^*上升，即国有企业产量会随着国有控股比例上升而提高；与此相反，国有股权α上升，私企产量会相应下降。

引理1证明：

在古诺竞争条件下，分别求解两类企业的反应方程，需分别求出：

$$\frac{\partial U_0}{\partial q_0} = (1-\alpha)(p'q_0 + p - C_0') + \alpha(Q' - bQQ' - C_0' - C_0^{e\prime}) = 0$$

$$\frac{\partial U_i}{\partial q_i} = p'q_i + p - C_i^{1\prime} = 0$$

化简即可得到式（4–24）和式（4–25）。为得到国有股权份额α与国有企业和私企的关系，再对均衡的产量分别求解，得到式（4–26）和式（4–27）。

由于$(a-c)-3C_0^{e\prime}-\alpha(3-2\alpha)C_0^{e\prime\prime}>0$，因此有$\frac{\mathrm{d}q_i^*}{\mathrm{d}\alpha}>0$，又因为假设4给出国有企业与私企的反应方程为策略性替代，即$R_i'(X_{-i})<0$，因此，可以直接推出：$\frac{\mathrm{d}q_0^*}{\mathrm{d}\alpha}>0$。

得证。

α作为国有股权份额，α上升意味着政府控股力度增强，对社会福利

的重视程度增加，此时国有企业的均衡产量增大，单个私企的均衡产量减少。进一步可以计算得到均衡条件下的社会总福利：

$$W^*(\alpha)=\int_0^{q_0^*+nq_i^*}(a-bQ)\mathrm{d}q-C_0^S(q_0^*)-nC_i^S(q_i^*) \tag{4-28}$$

假设此时企业数量外生，福利仅取决于α，因此可以找出均衡条件下社会福利与α的变化关系。

$$\frac{\mathrm{d}W^*}{\mathrm{d}\alpha}=\left(p-c_0-C'^e_0\right)\frac{\mathrm{d}q_0^*}{\mathrm{d}\alpha}+n\left(p-c_i-C'^e_i\right)\frac{\mathrm{d}q_i^*}{\mathrm{d}\alpha} \tag{4-29}$$

将式（4-24）和式（4-25）代入式（4-29），可以得到

$$\frac{\mathrm{d}W^*}{\mathrm{d}\alpha}=-(1-\alpha)\left[p'q_0+C'^e_0\right]\frac{\mathrm{d}q_0^*}{\mathrm{d}\alpha}-n\left(p'q_i+C'^e_i\right)\frac{\mathrm{d}q_i^*}{\mathrm{d}\alpha} \tag{4-30}$$

与MK模型的结果不同，式（4-30）增加了对私有企业外部性边际成本大小的讨论。MK模型认为如果要想最大化社会福利，$\alpha\neq1$①，因此部分私有化和降低国有股权份额是更好的选择。但是，本书的模型由于考虑了外部性成本，即使α=1时，$\frac{\mathrm{d}W^*}{\mathrm{d}\alpha}$并非严格小于0，因此需要分两种情况讨论。

由于$\left|-p'q_i\right|=\left|\frac{\mathrm{d}p}{\mathrm{d}q}\right|\times\frac{q}{p}\times p=\varepsilon\times p$，其中$\varepsilon$为需求价格弹性，因此式（4-30）的条件讨论可以变化为：

情景（i）：当$C'^e_i<\varepsilon p$时，$\frac{\partial W^*}{\partial\alpha}<0$；即当外部性的边际成本较小时，国有股权份额的下降会提高社会福利，此时应当调减国有股权份额。这个结论相当于MK模型中不考虑外部性成本的情况。

情景（ii）：当$C'^e_i>\varepsilon p$时，$\frac{\partial W^*}{\partial\alpha}>0$；即当外部性的边际成本较高时，国有股权份额的上升会提高社会福利，此时规制者可以通过提高国有股权份额来降低外部性损失并提高社会福利，这与MK模型得到的结论恰好相反。

因此，在不同的边际外部性成本条件下，国有股权份额的变化对社会福利的影响是不同的，由此得到本章的第一条定理。

---

① 具体证明参见松本和坎达(Matsumura, Kanda, 2005)定理1.

定理1：当外部性成本高于弹性与价格的乘积时，如果保持行业内企业数量不变，国有股权份额下降（即降低国有化程度）不利于提高社会总福利。

4.2.2.2　对企业数量的讨论

现在考虑企业数量内生的情况。此时，国有企业和私有企业的博弈为三阶段的斯塔克伯格博弈。第一阶段政府选择是否要设立国有企业；第二阶段选择国有企业的股权份额；第三阶段，私企选择是否进入。与经典的序贯博弈类似，本书也采用逆推法进行分析。根据前文假设：

$$Q=q_0+nq_i \tag{4-31}$$

对于自由进入的私有企业而言，选择进入的临界点是利润为0的点，因此：

$$\Pi_i=pq_i-C_i=0 \tag{4-32}$$

由式（4-31）可以推出：

$$\frac{\mathrm{d}Q}{\mathrm{d}\alpha}=\frac{\mathrm{d}q_0}{\mathrm{d}\alpha}+\frac{\mathrm{d}nq_i}{\mathrm{d}\alpha} \tag{4-33}$$

结合式（4-24）和式（4-25），可以推出：

$$\frac{\mathrm{d}Q}{\mathrm{d}\alpha}=0 \tag{4-34}$$

$$\frac{\mathrm{d}q_0}{\mathrm{d}\alpha}=\frac{p'q_0}{-\alpha C_0''^e}>0 \tag{4-35}$$

$$\frac{\mathrm{d}q_i}{\mathrm{d}\alpha}=\frac{-p'q_0}{-2p-C_i''}=0 \tag{4-36}$$

$$\frac{\mathrm{d}n}{\mathrm{d}\alpha}<0 \tag{4-37}$$

由此得到引理2。

引理2：当私有企业可以自由进入时，国有股权份额α影响国有企业产量和私有企业数量，且前者为正，后者为负，对单个私有企业的产量无直接影响。

引理2证明：

由于$W=\int_0^Q p(q)\mathrm{d}q-\left[C_0^S(q_0)+C_i^S(q_i)\right]$，且有$U_i=\Pi_i, i=1,2,\cdots,n$和$U_0=\alpha W+(1-\alpha)\Pi_0$。

根据斯塔尔伯格博弈的逆推法，市场的均衡条件为

$$U_i=\prod_i=0,\ i=1,2,\cdots,n$$

可以推出式（4–32），将$Q=q_0+nq_i$代入式（4–33）、式（4–24）和式（4–25），并对α求微分，可以得到

$$D\begin{pmatrix} \mathrm{d}q_0 \\ \mathrm{d}q_i \\ \mathrm{d}n \end{pmatrix}=\begin{pmatrix} p'q_0+C_0'^e \\ 0 \\ 0 \end{pmatrix}\mathrm{d}\alpha$$

其中，

$$D\equiv\begin{pmatrix} (1-\alpha)p''q_0+(2-\alpha)p'-(\alpha C_0''^e+C_0'') & (1-\alpha)p''nq_0+np' & (1-\alpha)p''q_0q_i+p'q_i \\ p''q_i+p' & p''nq_i+(n+1)p'-C_i'' & p''q_i^2+p'q_i \\ p'q_i & p'nq_i & p'q_i^2 \end{pmatrix}$$

可以得到

$$\frac{\mathrm{d}q_i}{\mathrm{d}\alpha}=\frac{p'q_0+C_0'^e}{|D|}[p'q_i(p''q_i^2+p'q_i)-p'q_i^2(p''q_i+p')]=0$$

因此，国有股权份额与私有企业的产量不相关。进一步将矩阵D的第三行同时除以$p'q_i$，可以推出：

$$\frac{\mathrm{d}q_0}{\mathrm{d}\alpha}+\frac{\mathrm{d}n}{\mathrm{d}\alpha}q_i=\frac{\mathrm{d}Q}{\mathrm{d}\alpha}=0$$

即社会总产量与国有股权份额无关。这意味着α不会直接影响消费者福利。进一步根据前文假设对成本的定义，化简矩阵D的第一行得到

$$[(1-\alpha)p'-\alpha C_0''^e]\frac{\mathrm{d}q_0}{\mathrm{d}\alpha}=p'q_0,\ \frac{\mathrm{d}q_0}{\mathrm{d}\alpha}=\frac{p'q_0}{(1-\alpha)p'-\alpha C_0''^e}>0$$

推出$\dfrac{\mathrm{d}n}{\mathrm{d}\alpha}<0$。

得证。

结合福利方程式（4–14）可以推出，在均衡条件下，当α增加，国有企业产量上升，私有企业数量下降，会直接减少私有企业的社会总成本，而总产出不变，消费者剩余不变，因此，总的社会福利上升，由此得到定理2。

定理2：存在外部性的产业，在自由进入时，提高国有企业股权份

额，会减少私企的外部性成本，在总产出不变的同时增加社会福利。

4.2.3 进入规制模型结论

综上所述，得出以下结论：①如果企业数量外生，当负外部性较高时，不应盲目降低国有股权份额，而应增加国有股权份额，提高国有企业产量，减少私有企业的外部性。当负外部性较低时，加大私有股权份额是更好的选择。②如果企业数量内生，国有股权的提高，对私有企业的数量会产生挤出效应，从而在维持总产出不变，即消费者剩余不变的情况下，减少私有企业带来的负外部性成本，因此提高国有股权份额是相对有效的规制手段。布兰多和卡斯特罗（Brandao，Castro，2007）比较了直接和间接两种进入规制对于社会福利的影响，发现间接的进入规制更有利于社会福利上升，这与本章企业数量内生条件下的讨论是基本一致的。

因此，对于存在负外部性的产业而言，政府可以根据负外部性的大小和不同的市场环境，选择不同的进入规制策略，从而控制外部性，实现社会福利的提高。

4.3 间接进入规制效果的初步检验

如第3章所言，煤炭资源的耗竭速度指标“储产比”已从2002年的200多年下降到2012年的50年。因此，在中国经济转型的背景下，资源型产业本身如何实现良性发展也已成为十分紧迫的问题。鉴于资源型产业无序竞争和产能过剩日益严重，产业整合无疑是非常必要的。近年来，政府采用行政性手段大力推进资源型产业的重组与整合，以期提高产业集中度和企业绩效。然而，单纯或过度依靠行政命令，并以国有企业为核心进行整合却可能产生低效率和所有制歧视，并导致公平缺失、企业激励不足或过度等问题，企业虽能做大，但未必能做强。此外，如果政府强制推进行政重组很可能会干预企业的微观运营，且个别国有企业可能存在的效率低下等问题也并无法通过兼并重组得到解决。

根据4.2节的理论分析可以发现，国有股权份额的高低和外部性的大小会影响企业利润与社会福利，因此本节将以中国可耗竭的资源型产业为例，实证研究在自由进入下，代际负外部性与国有股权份额的关系。由于代际外部性和环境外部性估计方法的区别，两者的数量级存在差异，因此本小节选取代际外部性作为代表，初步验证存在代际负外部性条件下，中国资源型产业的间接进入规制效果。

本章与第3章的数据选取保持一致，在全部的耗竭资源中选取了煤炭产业、黑色金属、有色金属产业的采掘和初加工企业三大类资源型产业。其中，煤炭产业包括原煤采掘、初步冶炼、焦炭生产等；黑色金属产业包括铁矿采选、生铁销售、铁精粉销售等；有色金属产业包括铜、锌、铅、铝、镍、钼、稀土等资源的采选、初加工和一次销售等。本节将借鉴以往文献的相关研究成果和理论模型，首先估算中国的资源代际外部性，并在此基础上，构建计量模型，分析存在代际外部性下，国有股权份额作为间接规制手段的治理效果。

4.3.1 代际外部性的测算

本小节首先测算中国资源型产业的代际外部性。

4.3.1.1 数据来源

本书数据主要来源于中国上市公司年报以及中国统计年鉴。由于非上市公司的数据难以获得，综合考虑统计口径、数据披露及样本代表性，选取了80家上市公司样本。在80家上市公司样本中，煤炭采选、黑色金属采选、有色金属企业采选三大行业的企业数量分别为39家、8家、33家，时间跨度为2011—2014年。

截至2013年底，中国规模以上煤炭企业7975家，黑色金属3554家，有色金属2108家[①]，其中大部分为非上市公司，上市公司分别有煤炭企业

① 数据来源:《中国统计年鉴—2014》。

39家，黑色金属企业9家，有色金属企业78家[①]。已选取的样本中三类资源的市场份额分别为67.05%、82.99%和54.71%，企业数量为全部资源企业总体的6%，占全部资源上市公司的57%，因此本研究的数据主要对规模以上企业具有一定的代表性[②]。

4.3.1.2　测算方程的推导

回顾代际外部性的概念，作为“交易内部人”的一代人的资源开采成本的增加被强加于作为“交易外部人”的未来若干代人身上，而这种成本增加并不由产生成本的内部人加以偿付，从而损害了代际公平性。因此，实现代际公平利用，是降低代际外部性的核心办法。

目前与代际外部性相关的测算方法主要有两种。塞拉菲（EI Serafy，1981）最早基于使用者成本法（user cost approach，UCA）测量真实收入，进而测量资源的价值损失，即通过计算目前使用一单位的资源对未来使用者造成的机会成本来反映代际的不公平。借鉴这一思想，许多学者都用这一方法来分析耗竭资源的代际开采问题（Eatwell et al.，1996），科蒙和桑亚尔（Common，Sanyal，1998），塞拉菲（EI Serafy，1999）等均用使用者成本法估算了澳大利亚等国家的油气资源的耗竭程度。

另一种用于计算耗竭资源成本的方法是净现值法（net price approach，NPA）。与使用者成本法相比，净现值法是从资源开采所使用的资金的机会成本角度进行计算的，尤其是固定成本。奥斯曼和贾法里（Othman，Jafari，2012）用净现值法估算了马来西亚油气资源的损耗；扬和莫塔（Young，Motta，1994）将净现值法与使用者成本法相结合估算了巴西的矿产资源耗竭程度。从目前的应用来看，上述两种方法较少有发现应用于中国资源耗竭引发代际外部性的研究，但李国平和吴迪（2004）与范超等（2011）用使用者成本法估算了不同折现率下中国煤炭资源和石油资源的资本价值折耗，发现中国的资源开采的确存在未得到补偿的价值

---

① 数据来源：Wind金融数据终端。其中，黑色金属仅包括铁矿石原矿的开采及初加工，不含钢材的销售及贸易。

② 在有色金属采选业中，删除了贵金属采选（如黄金、白银）的企业，因为贵金属采掘在中国严格受到政府管控，因此不在本书讨论范围内。

折耗。

本节估算代际外部性的方法主要借鉴使用者成本法，这是由于本研究更多考虑的是由资源过度使用造成的代际不公问题，而非资本的收益问题。为了实现可耗竭资源的可持续发展，应该把有限时间内开采可耗竭资源的总收入（名义收入）用于投资，以得到未来的真实收入（贴现收入），那么资源开采当前名义收入与真实收入的差额即为使用者成本，也可以称为折耗因子（depletion factor）。

根据目前中国资源型产业相关的税收政策规定，资源型企业除计提增值税外，需缴纳相应的资源税、资源补偿费、计提可持续发展基金等作为资源勘探和耗竭的补偿，本书将此类税费按代际税费纳入计算。如果代际税费总和*TFI*①（taxes and fees of intergeneration）能弥补使用者成本，则相当于抵销了资源开采的折耗，这也是此类税费设立的目的所在。考虑到中国资源型产业上缴的资源税等已经部分抵销了外部性，因此，本书运用使用者成本与目前税费补贴的差额近似反映的中国资源型产业的代际外部性，记为*INE*（intergenerational negative externality）。

假设r为折现率，R为某一耗竭型资源当期的名义收入，X为真实收入，T为总开采年限，t为剩余开采年数，则真实收入的贴现值为

$$\sum_{\infty}^{t=1}\frac{X}{(1+r)^t}=\frac{X}{r} \qquad (4\text{–}38)$$

在有限开采年限T年内，资源每年的名义收入贴现值为

$$\sum_{T}^{t=1}\frac{R}{(1+r)^t}=\frac{R}{r}\left(1-\frac{1}{(1+r)^T}\right) \qquad (4\text{–}39)$$

当可耗竭资源的名义收入全部用于投资，则真实收入的贴现值与耗竭资源的名义收入贴现值应相等，即满足

$$\frac{X}{r}=\frac{R}{r}\left(1-\frac{1}{(1+r)^T}\right) \qquad (4\text{–}40)$$

变换后得到真实收入X与名义收入的关系：

① 具体税率参见表4–1.

$$X=R-\frac{R}{(1+r)^T} \tag{4-41}$$

使用者成本*CD*（cost of depletion）即为名义收入和真实收入的贴现值差额，因此，可以表示为

$$CD=R-X=\frac{R}{(1+r)^T} \tag{4-42}$$

从式（4-42）可以看出，资源的使用者成本随利率的上升和开采年限的延长而减少。由于矿产资源未来开采年限的不确定，而且中国大多数矿产资源的开采已经持续20年以上，因此本书以2011年中国矿产资源使用情况为基础，设定矿产资源的未来加速折旧最高年限为20年，贴现率为2011年银行一年期固定存款的基准年利率3.5%。

由此，代际外部性表示为

$$INE=\frac{R}{(1+r)^T}-TFI \tag{4-43}$$

4.3.2 国有化作为间接进入规制对中国资源型产业的影响

在上市公司年报中，主营业务收入、主营业务成本、销售利润、产量、资源税、资源补偿费、增值税、安全生产费、城市维护费、国有股权份额等指标数据可以直接查询得到。为了单纯反映资源开采产业链的中上游特性，本节的数据处理中剔除了企业主营业务收入中的纯贸易数据和与采掘业不相关的数据，如房地产投资收入等。另外，在外部性的计算中，各产业的计提税率不同，具体处理见表4-1。

表4-1 资源类税费和税率的处理

企业类型及税费处理	增值税（按主营收入计）	资源税（按产量计，元/吨）	资源补偿费（按主营收入计）
煤炭	17%	2.75	1%
黑色金属	17%	8	2%
有色金属	17%	铅锌铜20、铝4、钼8、稀土30	2%

数据来源：根据各资源企业上市公司企业年报的相关说明，含上下限的税率采用了中间值法计算得到。

从外部性与企业产量之间关系的散点图4-1可知，代际外部性随产量提高而加速上升，而产量较低但外部性较高的散点集中在有色金属产业，说明有色金属产业的平均负外部性水平较高。进一步用国有化水平较高的煤炭产业作稳健性检验，可以发现其代际外部性与产量的关系呈现更为明显的“J”形特征（见图4-2）。因此，本书用使用者成本法估算的代际外部性特征与4.1节理论假设是一致的。

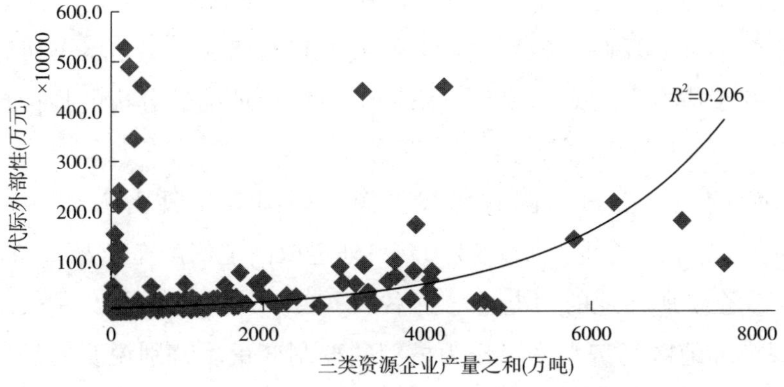

图 4-1　代际外部性与产量的关系

资料来源：笔者根据代际外部性和产量数据自行绘制。

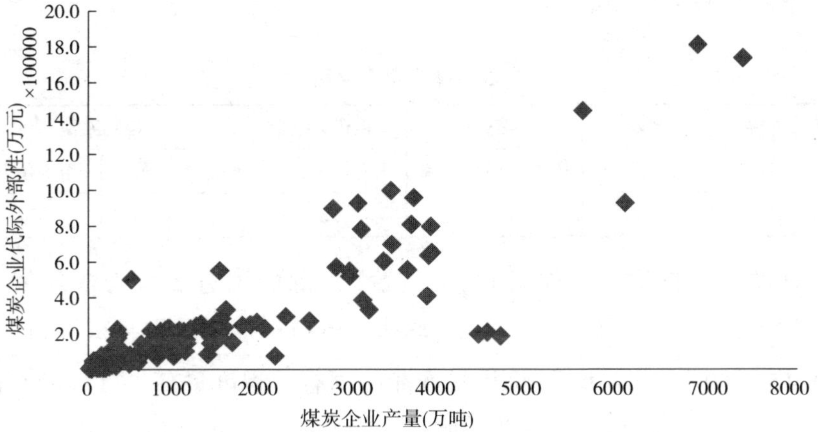

图 4-2　煤炭产业代际外部性与产量的关系

资料来源：笔者根据煤炭代际外部性和产量数据自行绘制。

4.3.2.1 指标说明

除代际外部性之外，本书所采用的其他变量指标如下。企业行为用市场份额*MSO*（market shares of output）来表示，即企业产量占全国总产量的百分比（%）；绩效指标采用成本费用利润率*RPC*（ratio of profit to cost），即企业的主营利润除以主营成本费用的百分比（%）。本章没有直接使用财务报表中的销售利润率，主要基于两方面的考虑：一是上市公司中披露的销售利润率通常包含企业的全部业务，如贸易、房地产等，因此不能够准确反映单纯采掘业务的成本利润情况；二是本书研究的外部性是基于成本和绩效的视角，用*RPC*可以保证前后分析的指标具有一致性。

模型的独立变量为国有股权份额，即国有控股比例*PS*（public share）。若为私有企业，则*PS*为0。另外选取固定资产净额*FA*（net fixed assets）、企业所在地的用电量增长率*EL*（electricity）指标分别表示企业资本规模和地区经济水平，作为模型的控制变量。特别说明的是，本书用*EL*替代常用经济增长指标（如国内生产总值）主要是因为资源型产业本身与高耗能产业密切相关，煤炭更是发电的主要原料，因此使用“用电量增长率”指标的计量结果准确性会更高，更突出经济的周期变化影响。全部指标参见表4–2。

表 4–2 变量设定

负外部性	产量	绩效	间接进入规制	控制变量	
代际外部性	市场份额	成本费用利润率	国有控股比例	固定资产净额	地区用电量
INE	*MSO*	*RPC*	*PS*	*FA*	*EL*

对样本进行描述性统计可知，三类资源的国有股权份额均值水平存在较大差异，分别为煤炭35.4615%、黑色金属10.3888%、有色金属16.4315%（见表4–3）。可见煤炭产业的国有化程度最高，其次为有色金属，依赖进口资源为主的黑色金属产业国有化平均程度最低。

从成本费用利润率的均值来看，有色金属产业的绩效表现最好，煤炭企业的表现最差，利润率不到50%。从成本费用利润率标准差可以发现，不同企业之间的经济效益差别很大，个别企业甚至为负，有色金属产业表现得最为明显，在均值只有约84.0034的情况下，标准差高达约352.0586，可见有色金属产业的复杂性和差异性。当然，这也可能缘于有色金属产业中所包含的企业类别多、产品种类众多等原因。

总体而言，中国资源型产业接近于充分竞争的市场结构，但是绩效差异过大，有企业在利润为负时依然没有退出行业，这可能是市场失灵的表现之一，究其原因，除了一些行政因素外，沉没成本带来的退出壁垒较高也是企业的主要顾虑之一。

表 4–3　变量的描述统计分析

变量的描述统计		国有资产股权份额 *PS*（%）	成本费用利润率 *RPC*（%）	市场份额 *MSO*（%）	单位代际外部性 *INE*（元/吨）	代际外部性[①] *INE*（万元）
煤炭	均值	35.4615	48.3894	0.6870	227.4059	548436.9790
	标准差	23.8114	47.7600	1.4371	208.3958	2108607.4665
	最大值	73.8300	270.1747	10.4382	1784.8592	23312046.0969
	最小值	0.0000	–184.1792	0.0070	35.2924	2585.3722
黑色金属	均值	10.3888	62.4935	0.2650	348.0121	61139.8860
	标准差	16.9979	48.0553	0.4560	409.4178	89787.7268
	最大值	51.7100	163.9851	1.6164	1855.5900	313452.2831
	最小值	0.0000	–35.4681	0.0079	105.2565	1446.8158
有色金属	均值	16.4315	84.0034	1.2358	20537.5303	446932.2805
	标准差	18.7628	352.0586	4.0757	51625.5193	1014893.1684
	最大值	74.0900	3378.9855	34.2441	555022.7143	5278519.3979
	最小值	0.0000	–6.5970	0.0013	272.5311	991.3130

数据来源：笔者根据上市公司年报数据自行计算得到。

从代际外部性数据看，单位外部性最高的产业是有色金属产业，黑色金属次之，煤炭产业最小，但是由于煤炭的开采时间长，累积开采量最大，因此总量最大。从标准差、最大值、最小值来看，企业之间代际

① 本章所计算的代际外部性值从绝对数来看可能没有直接的经济意义，因为受限于数据采集的难度较高，整体存在一定的系统性误差，但是可以通过动态和时间序列的对比，研究代际外部性的变化趋势，以及在同一系统误差下，静态比较外部性与国有化程度之间的关系。

外部性的大小差别非常巨大，尤其是煤炭企业，因此可以看出煤炭企业在资源开采过程中，技术水平差异性较大，对资源开采的有效程度也天差地别。

从煤炭开采的主要技术标准之一“回采率”来看，目前中国自然资源部（原国土资源部）出台的标准是设计能力9万吨/年以上煤矿矿井的采区回采率，执行以下标准：薄煤层不低于85%；中厚煤层不低于80%；厚煤层不低于75%；水力采煤不低于70%。设计能力9万吨/年以下3万吨/年以上煤矿矿井的采区回采率，不低于65%；设计能力小于3万吨/年的煤矿矿井，采区回采率不低于50%。[①] 由此，不同矿产规模的回采率的标准有明显差别，回采率越高的大规模企业，对煤层的开采越充分，资源利用效率越高；回采率越低的企业，势必带来越高的代际外部性。

4.3.2.2 计量模型

根据理论模型和变量设定，本节构建以下三个计量模型：

$$\ln(MSO)=\beta_0+\beta_1 PS+\beta_2 PS^2+\beta_3\ln(FA)+\beta_4\ln(EL)+\beta_5\ln(INE)+\varepsilon \quad (4\text{-}44)$$

$$\ln(RPC)=\beta_0+\beta_1 PS+\beta_2 PS^2+\beta_3\ln(MSO)+\beta_4\ln(FA)+\beta_5\ln(EL)+\beta_6\ln(INE)+\varepsilon \quad (4\text{-}45)$$

$$\ln(INE)=\beta_0+\beta_1 PS+\beta_2 PS^2+\beta_3\ln(MSO)+\beta_4\ln(FA)+\beta_5\ln(EL)+\varepsilon \quad (4\text{-}46)$$

结合资源型产业的实际情况、理论模型结论和散点图的直观分析，国有股权份额与因变量之间均存在非线性关系，因此在计量模型中增加国有股权份额的平方项，以贴近实际经济情况。

考虑到企业行为对绩效有直接影响，在式（4-45）中，*MSO*同时设置为影响*RPC*的自变量。另外，式（4-46）检验的结果如果显著，则说明代际外部性与国有股权份额存在交叉作用，因此后文将企业行为和绩效作为因变量的模型中额外添加*INE*和*PS*交互项，减少模型存在的内生性问题。

由于样本的截面数量大于时间序列长度，且变量的单位不同，为避免出现异方差、多重共线性等问题干扰参数准确性，因此模型采用截面加权的广义最小二乘法（EGLS）进行估计。

① 资料来源：中华人民共和国自然资源部官网，http://www.mnr.gov.cn/dt/bwdt/201812/t20181211_2378260.html.

4.3.2.3　预检验

为确定最合适的计量模型和估计方法，首先进行模型的预检验以测试是否存在随机效应。结果如表4–4所示。

表 4–4　模型预检验结果

子模型	Hausman检验结果		模型类型
	*P*值	随机效应	
1	0.0001	不存在	固定效应模型
2	0.0000	不存在	固定效应模型
3	0.0005	不存在	固定效应模型
4	0.9478	存在	随机效应模型
5	0.7913	存在	随机效应模型
6	0.9503	存在	随机效应模型
7	0.0000	不存在	固定效应模型

注：*P*值大于0.05则存在随机效应。

子模型1～3以企业市场份额为因变量，分别考虑存在外部性、交互项、无外部性的情况；子模型4～6以企业绩效为因变量，同样考虑存在外部性、交互项、无外部性的情况；子模型7以代际外部性为因变量，重点分析外部性与国有化的交互关系。随机效应模型预处理后的霍斯曼（Hausman）检验结果表明，子模型1～3和子模型7不存在随机效应，因此采用固定效应模型；子模型4～6存在随机效应，采用随机效应模型。不考虑外部性的模型主要用于基准分析和稳健性检验，便于与考虑外部性的模型参数结果进行比较。

4.3.2.4　实证结果

首先，对4.2节的理论模型与4.3节的实证经验分析的差异做两点说明：

（1）4.2节的理论模型分别分析了企业数量外生不变与企业数量内生变化两种情况。实证分析中，中国的煤炭、有色金属、黑色金属产业没有受到限制企业数量的直接规制，企业数量外生的模型结果难以得到实证检验，因此本部分只验证企业数量内生的情况下国有化的有效性。另外，2011—2014年，煤炭、黑色金属、有色金属产业的企业总数的月度数据标准差分别为308.3035、90.8641、35.1523，说明企业数量的确存在明显的变动①，企业进入退出行为频繁。因而，这部分实证检验是贴近现实的。

（2）理论模型的假设3中每家私有企业成本相同、产量相同，且只有一家国有企业。这与经验分析的条件并不冲突。第一，为了计算最优的私有企业数量，这个假设对于简化计算过程十分必要。第二，通过企业产量的描述性统计分析可知，煤炭、黑色金属、有色金属产业的私有企业市场份额的标准差分别仅有0.0741、0.5384、0.4453，即市场份额差别不大，尤其是占样本比重较大的煤炭企业，标准差最小。在满足大样本条件下，理论模型中的假设是可以成立的。第三，尽管经验分析中，国有企业数量并不唯一，但是在本书框架下，国有股权均属于国有资产监督管理委员会（国家级或地方级），因此所有国有企业的持股主体和目标函数一致，可以视为出自同一家企业，与理论模型中一家国企的假设并不矛盾。

整体实证结果显示，国有股权份额对企业的市场份额、利润、代际外部性均有显著的影响，由表4-5的参数检验结果可知，子模型1、子模型5、子模型7为相对有效模型，因而加以重点分析，子模型3、子模型6作为参考对比。实证的主要结论有以下三点。

（1）国有股权份额对绩效存在非线性影响。

国有股权份额与产量、利润率的关系均呈现倒"U"形，即随着国有股权份额的上升，企业的产量份额和利润率均会先上升后下降。在44.39%～86.98%范围内②，国有股权越高的企业，市场份额越小，产出越少，继而产生的代际外部性越少，而与此同时企业绩效在不断上升，社会福利增加，与理论模型的结论基本契合。

当国有股权份额*PS*小于44.39%时，国有化会增加企业产出，提高

① 数据来源：根据国家统计局官网公布的月度数据整理获得。

② 在含二次项的计量模型中，一次项的系数除以二次项系数的两倍并取绝对值，可以得到抛物线的顶点所对应的自变量坐标值，因此0.4439即为模型1中0.214/（0.241×2）计算得到，0.8698的计算是类似的。

绩效；但在市场份额也增加的同时，外部性上升，因而，对社会福利的影响不确定。当PS高于86.98%时，对市场份额和绩效的影响均为负，因而社会福利下降。因此，综合考虑外部性与国有化的交互作用、外部性对企业产出的正向影响以及对绩效的负面影响，国有股权份额在44.39%～86.98%之间最为合理，此时私有企业产出减少，私有企业生产带来的负外部性也减少，而产业绩效和社会福利则随之提高（直观的结果见表4–6的总结）。

以上结论说明，国有化作为间接进入规制，对企业绩效和外部性的影响并不是单调的，这与理论模型的解释稍有不同，可能原因有二：一是在理论模型中，国有企业的效用函数考虑了社会福利，其权数是国有股权份额；而在经验分析中，国有企业的绩效与私有企业一样，采用了成本费用利润率，国有企业承担的其他社会责任和消费者剩余无法体现在数据上。二是从样本的描述性统计可以清楚地看出，国有企业的平均成本费用利润率（50.7274）低于私企（87.4293），国有企业单位产量的平均代际外部性（16818.2120）是私有企业（8027.7555）的两倍以上。这种高额的外部成本抵销了国有化可能对社会福利的正向影响和规模经济性，而且降低了整个行业的绩效水平。

因此，国有化水平上升对私有企业的挤压如果没有由国有企业的高效率和规模经济予以弥补，消费者剩余将会减少，此时反而可能导致社会福利的下降。

（2）国有股权存在职能转变不足及间接规制低效率的问题。

国有股权的增加同时要考虑股权职能的转变，生产经营过程中应向降低代际外部性的方面倾斜，避免单纯扩大产能、降低绩效可能带来的负面影响。在子模型7中，除了企业产量上升、规模扩大和地区经济水平的上升以外，包括国有化在内都是代际外部性增长的显著原因，说明在中国可耗竭资源型产业中，有部分的国有股权作为间接进入规制的作用并不显著，可能的原因有两个。

第一，现有国有股权份额过少。除煤炭产业外，其他两类资源的国有股权份额的均值低于44.39%，均不在有效范围内（在下文的稳健性检验中，将讨论煤炭产业的情况），此时国有化虽然提高了企业绩效，却可能带来了更多的代际外部性，对社会福利的整体影响并不确定。此外，在三类资源型产业中，也没有任何企业的国有股权份额能达到86.98%以上，因此如果在新一轮的混合所有制改革中盲目减少资源型产业的国有股权份额很可能不利于可耗竭资源型产业的发展。

第二，国有企业的考核重视经济绩效，对社会福利的考虑不足。实际上，中国的许多国有企业比私有企业更多地担负了关于就业等民生问题的社会责任，与私有企业在一个标准下进行衡量有失公平。与私有企业相比，目前的国有企业的考核大部分是以利润最大化而非加权效用最大化为目标的。然而困难在于，社会责任难以在国有企业的绩效表现中进行衡量。从另一个角度来看，国有企业领导的选拔大都采取有限任期制，如果国有企业的领导有较多的短期行为，忽视矿产资源全生命周期的优化开采，也很难有动力控制或减少有限任期内的开采数量，那么此时国有企业有可能比私有企业带来更多的代际外部性。

（3）代际外部性成为资源型产业发展和绩效上升的约束条件。

从子模型5可以看到，资源型产业显著受到经济增长的正向激励（+0.1190），然而，代际外部性已经成为资源企业的绩效水平（–1.2510）的约束条件，即随着资源耗竭程度的加剧，企业利润率下降，这说明在目前实际的经济运营过程中，资源耗竭已经到了非常严重的地步，开始约束资源型产业的发展和绩效的上升。

因此，代际外部性的存在，不仅降低了社会福利，而且减少了行业整体利润，对于社会总福利而言是双重损失。因此可耗竭资源型产业需要特别关注代际外部性的影响。

4.3.2.5　稳健性检验

由于煤炭产业中国有股权的比例均值为46.10%，在44.39%～86.98%的有效范围内，为验证实证研究的稳健性和理论模型结论，本节单独讨论在煤炭产业中国有化是否起到了进入规制的作用。结果表明，煤炭产业的实证结果与理论模型的结论是相符的，同时也证明了前述全样本模型参数的稳健性。

表4-7显示，国有股权对煤炭企业的市场份额（产量份额）有显著正向影响，国有股权越高的企业，市场份额越大；而且国有股权间接提高企业绩效的同时，并不会直接带来外部性成本的上升。但同时也可以发现，煤炭产业也已受到资源耗竭的约束，即代际外部性对市场份额和绩效均有显著的负向影响（直观结果见表4-8的总结）。

综上所述，本小节通过对中国耗竭资源型产业的实证检验发现，当产业处于自由进出的市场环境下，国有股权在44.39%～86.98%时，国有化程度较高的企业与国有化程度较低的企业相比，产量更少且绩效更高。对于煤炭产业的实证研究佐证了在合理的国有化股权份额内，国有化在履行进入规制职能、减少外部性的作用是正向的、稳健的。

表4-5　考虑代际外部性的间接进入规制实证结果

自变量	子模型1	子模型2	子模型3	子模型4	子模型5	子模型6	子模型7
	MSO			***RPC***			***INE***
PS	0.2141*** （0.0249）	−0.1160** （0.0454）	0.2771*** （0.0275）	−0.0442 （0.0244）	0.2941*** （0.0247）	−0.0500 （0.0244）	0.0410*** （0.0142）
PS^2	−0.2412*** （0.0270）	−0.0210 （0.0386）	−0.2933*** （0.0294）	0.0370 （0.0206）	−0.1692*** （0.0189）	0.0422 （0.0205）	−0.0040 （0.0178）
MSO	—	—	—	0.0080*** （0.0045）	0.0510 （0.0133）	−0.0151*** （0.0048）	0.2070*** （0.0253）
FA	0.3902*** （0.0363）	0.5874*** （0.0433）	0.5941*** （0.0299）	−0.0061 （0.0051）	0.0360* （0.0180）	−0.0151 （0.0038）	0.2830*** （0.0252）
EL	−0.0091*** （0.0024）	−0.0171*** （0.0038）	−0.0053*** （0.0020）	0.0991*** （0.0075）	0.1190*** （0.0069）	0.0981*** （0.0074）	0.0140*** （0.0027）
INE	0.2964*** （0.0364）	0.7942*** （0.0751）	—	−0.0291 （0.0083）	−1.2510*** （0.0559）	—	—
$INE \times PS$	—	−0.2952 （0.1946）	—	—	2.0312*** （0.1135）	—	—
$INE \times PS^2$	—	−0.2152 （0.1686）	—	—	−1.0691*** （0.0739）	—	—
Chi-Sq	—	—	—	0.3630	2.4468	0.1814	—
样本量	320	320	320	320	320	320	320

续表

自变量	子模型 1	子模型 2	子模型 3	子模型 4	子模型 5	子模型 6	子模型 7
	MSO			***RPC***			***INE***
可决系数	0.7452	0.6907	0.7310	0.146	0.427	0.152	0.672
F 统计量	187.60***	102.75***	217.76***	1.65***	30.66***	12.48***	164.02***

注：* 为 0.1 显著性水平；** 为 0.05 显著性水平；*** 为 0.01 显著性水平。—表示无此变量。

表 4-6　国有化程度对中国资源企业行为、绩效的边际影响

被影响因素	影响因素：国有股权份额 PS			代际外部性
	0<***PS***<44.39%	44.39%<***PS***<86.98%	86.98%<***PS***<100%	***INE***
市场份额 *MSO*	+	–	–	+
企业绩效 *RPC*	+	+	–	–
代际外部性 *INE*	+	+	+	+

注：+ 为正向影响，– 为负面影响。

表 4-7　煤炭产业的实证结果（稳健性检验）

自变量	子模型 1	子模型 2	子模型 3	子模型 4	子模型 5	子模型 6	子模型 7
	MSO			***RPC***			***INE***
PS	0.0688*** （0.0077）	0.0744*** （0.0114）	0.0653*** （0.0084）	0.0189 （0.0439）	0.0448 （0.0494）	0.0139 （0.0453）	–0.0285 （0.0374）
PS^2	–0.0219*** （0.0080）	0.0166 （0.0116）	–0.0107 （0.0090）	0.0049 （0.0454）	0.0548 （0.0463）	0.0166 （0.0439）	–0.0170 （0.0381）
MSO	—	—	—	0.1229** （0.0524）	0.0738** （0.0325）	0.0809*** （0.0048）	0.1792*** （0.0699）
FA	0.8894*** （0.0484）	0.8994*** （0.0475）	0.9223*** （0.0461）	–0.1415*** （0.0502）	–0.1212*** （0.0316）	–0.1159*** （0.0301）	–0.1207* （0.0641）
EL	0.0435*** （0.0078）	0.0285*** （0.0079）	0.0313*** （0.0072）	0.0668** （0.0335）	0.0578* （0.0333）	0.0395 （0.0331）	0.0603*** （0.0171）
INE	0.0052 （0.0088）	–0.0747*** （0.0186）	—	–0.2832*** （0.0309）	–0.2645*** （0.0410）	—	—
INE × *PS*	—	0.0581** （0.0243）	—	—	0.1602*** （0.0379）	—	—

续表

自变量	子模型1	子模型2	子模型3	子模型4	子模型5	子模型6	子模型7
	MSO			***RPC***			***INE***
$INE \times PS^2$	—	0.0700*** (0.0198)	—	—	0.0312 (0.0373)	—	—
Chi-Sq	—	—	—	9.2201	6.7434	1.1325	—
样本量	156	156	156	156	156	156	156
可决系数	0.8099	0.8200	0.8299	0.3924	0.4698	0.1821	0.2539
*F*统计量	133.08***	101.90***	189.99***	17.69***	18.17***	7.90***	11.55***
Hausman	0.0000	0.0000	0.0000	0.0558	0.3452	0.7692	0.0017

注：* 为0.1显著性水平；** 为0.05显著性水平；*** 为0.01显著性水平。—表示无此变量。

表4-8　煤炭产业的间接进入规制稳健性检验结果

被影响因素	影响因素		
	国有股权份额***PS***	代际外部性***INE***	市场份额***MSO***
市场份额*MSO*	+	–	0
企业绩效*RPC*	0	–	+
代际外部性*INE*	0	0	+

注：+为正向影响，–为负面影响，0为无显著影响。

第5章 中国可耗竭资源SCP-2E模型——基于企业层面

中国资源型产业的可持续发展受到代际外部性与环境外部性的双重制约，却长期存在过度进入导致的过度开采，加剧了资源型企业的产能过剩与配置扭曲，前文初步评价了在加入代际外部性的情况下，国有化作为间接进入规制的效果，发现这种规制方式的确可以在满足一定的条件下起到减少外部性的作用。本章进一步将环境外部性纳入考虑，拓展经典的产业组织SCP模型，构建基于双重外部性的SCP-2E模型，弥补原有“结构—行为—绩效”关系研究中对外部性研究的缺失。本章的数据仍基于80家资源开采上市公司2011—2014年的面板数据，将代际外部性和环境外部性作为企业行为的因变量和影响绩效的自变量分别进行建模，分析双重外部性下市场结构、所有权性质等因素对产业绩效的影响。

与第4章实证模型的间接进入规制指标不同，本章增加了企业所有权性质作为虚拟变量，深入比较在考虑了国有股权性质的因素之后，外部性与可耗竭资源型产业的结构—行为—绩效关系。

5.1 环境外部性的测算

在构建计量模型前，本节首先测算中国可耗竭资源型产业的环境外部性，并与第4章的代际外部性进行比较。

5.1.1 测算方法

鉴于资源的代际外部性与环境外部性具有不同特征，因此核算方式也有所不同。环境外部性是指在资源开采、加工、使用等过程中对环境造成的各类污染、生态破坏，以及对生命和安全的威胁等成本，未能纳入生产者成本中。因此，本节将用条件估值法（contingent valuation method，CVM）估算环境外部性。

条件估值法多用于估算公共品的价值，是对环境等具有无形效益的公共物品进行价值评估的方法，主要是利用问卷调查方式直接考察受访者在假设性市场中的经济行为，以得到消费者支付意愿来对商品或服务的价值进行计量（张志强、徐中民、程国栋，2003）。茅于轼（2008）、周吉光和丁欣（2012）等用条件估值法估算了中国煤炭、有色金属及其他矿产开采给环境和生态带来的损害，发现中国的煤炭开采造成的环境污染费率*REP*（ratio of environmental pollution）约为68.47元/吨，黑色金属约为51.12元/吨，有色金属约为产值的1.8%[①]。本章借鉴上述研究结果，并结合相关税费计算环境外部性。

记*ENE*（environmental negative externalities）为环境外部性。煤炭和黑色金属开采的环境成本*CE*（cost of environment）的估算公式为

$$CE_1=REP\times Q \qquad (5\text{-}1)$$

有色金属的环境成本为

$$CE_2=REP\times R \qquad (5\text{-}2)$$

其中，Q为企业产量，R为企业营业收入。

根据中国环保部门的规定，目前相关企业缴纳的环境税费*TFE*（taxes and fees of environment）包括城市建设维护税和安全生产费[②]。与代际外部

① 本书提到的价格费率均以2012年价格指数为基础。因为本章样本涵盖2011—2014年，2012年为居中年份，在调整价格因素误差最小。

② 煤炭、黑色金属、有色金属的城市维护建设税均按流转税计，税率为7%；安全生产费按产量计，煤炭2013年以前为22.5元/吨，2013年以后为12.5元/吨，黑色金属为6元/吨，有色金属为5元/吨。数据来源于企业年报的说明。本书计量中没有加入有关企业违规排放的罚款，主要由于缺乏公开有效的数据，缺乏准确性。另外，考虑到罚款是短期的不确定性行为，并且我国2006年以后才开始有排污标准，罚单的执行力度也有待考量。因此在计量中，没有将已有罚款纳入外部性的抵销部分，但从定义的角度来说不影响本书外部性的度量。

性类似，实际的环境外部性*ENE*可以表示为环境成本与环境税费的差额：

$$ENE=CE-TFE \quad (5\text{-}3)$$

5.1.2 双重外部性的比较研究

将第4章80家中国资源企业的样本数据代入上述计算公式，可以估算出中国资源型产业的环境外部性。由于计算方法的差异，环境外部性与代际外部性两者并不能直接比较，但可以发现不同资源型产业双重外部性的特征。

由于每个产业选取的上市公司数量不同，因此，我们将煤炭、黑色金属、有色金属产业的外部性分别计算并加总平均。

从图5-1可以发现，2011年两类外部性之和最大，尤其是代际外部性，说明2011年资源耗竭最为严重，其次是2013年，尤其是2013后半年资源耗竭速度有所加快。2013年上半年和2014年上半年相比，2014年两类外部性都略有回落，但绝对值仍然非常巨大。此处考虑半年指标的因素有二：一是受限于调查时样本数据截至2014年6月；二是资源型产业常具有周期性特征，可以反映不同时间段外部性的变化。

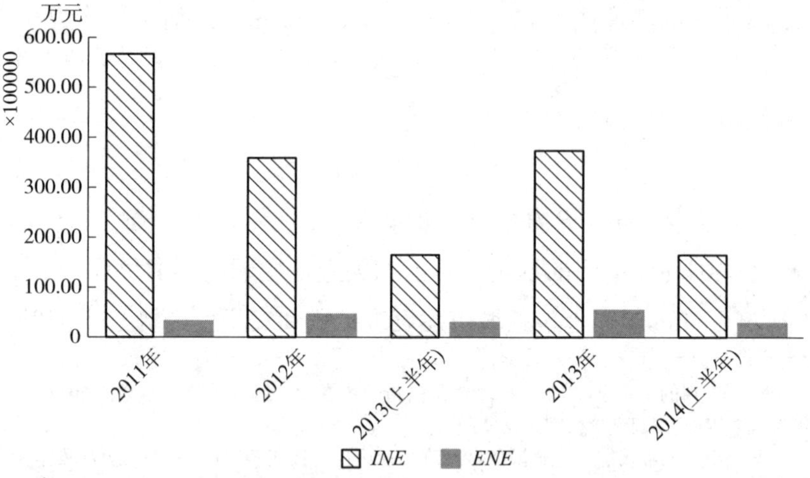

图5-1 2011—2014年中国80家资源型上市公司代际外部性和环境外部性估算值

数据来源：笔者自行计算并绘制。

进一步分析三类资源型产业结构的占比变化，从图5-2可以看到，煤炭企业代际外部性虽呈现逐年减少的趋势，但一直是代际外部性的主要贡献者。相较而言，黑色金属的代际外部性相对较少，这与目前中国铁矿石主要依赖进口有关。有色金属产业的代际外部性也很多，尤其在2012年以后，几乎与煤炭产业平分秋色。与代际外部性*INE*类似，环境外部性*ENE*主要由煤炭产业贡献，黑色金属产业的环境外部性贡献比率高于代际外部性，意味着黑色金属的进口主要减少的是代际外部性，而国内铁矿石的有限开采和生产对环境的污染仍然较为严重。

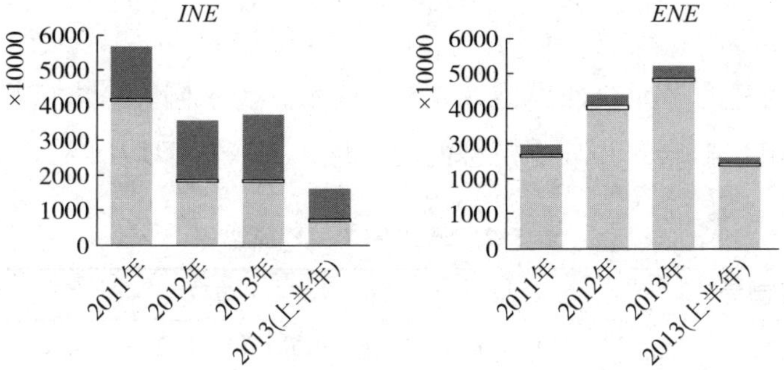

图5-2　2011—2013年代际外部性和环境外部性结构变化及占比

数据来源：笔者自行计算并绘制，图中单位*INE*为十万元，*ENE*为万元。

5.2　指标设定和数据

由于本章的分析与第4章是同类别、企业层面的分析，因此本章的模型中，结构数据、绩效指标、固定资产净额、经济周期的变量等与上一章保持一致。主要区别在于，为了进一步分析国有化在SCP-2E模型中的作用，在控制变量中，反映企业性质的变量分别采用虚拟变量*CP*（corporation property，0表示非国有企业，1表示国有企业）和国有控股比例*PS*（public share）两种变量进行深入探讨。本节的模型是基于中国2011—2014年（截至6月）80家资源型上市公司的面板数据，构建而成的混合（固定、随机）效应模型，同时加入如企业性质、国有股权份额以及用电量等多个控制变量。全部指标参见表5-1。

表 5-1　指标设定

外部性		结构	绩效	控制变量			
代际外部性	环境外部性	市场份额	利润率	企业规模	企业性质	国有控股比例	地区用电量
INE	*ENE*	*MSO*	*RPC*	*FA*	*CP*	*PS*	*EL*

5.3　SCP-2E计量模型构建

本书构建的多元线性模型如表5-2所示，为了同时考虑市场份额与控制变量的相互影响，并减少模型的内生性，每个模型均加入了交互变量。

表 5-2　三类 SCP-2E 模型

模型类型		模型
第一类	基准SCP模型	（1）ln利润率=A_1+A_2ln市场份额+A_3ln企业规模+A_4企业性质+A_5经济周期
第二类	双重外部性与产业结构关系	（2）ln代际外部性=A_1+A_2ln市场份额+A_3ln企业规模+A_4企业性质+A_5经济周期
		（3）ln环境外部性=A_1+A_2ln市场份额+A_3ln企业规模+A_4企业性质+A_5经济周期
第三类	考虑外部性的SCP模型	（4）ln利润率=A_1+A_2ln市场份额+A_3ln企业规模+A_4企业性质+A_5经济周期+A_6ln代际外部性+A_7ln环境外部性

第一类模型作为基准，暂不考虑外部性的影响，仅在控制企业规模、性质、经济发展水平之后，判断中国资源型企业的市场份额*MSO*是否对利润率*RPC*有显著作用；考虑到企业规模、性质、经济周期与企业产量份额之间的相关性，计量中加入了份额与3个控制变量的交互变量。该模型将作为基本模型用以对比考虑外部性之后参数的变化情况。第二类模型是以双重外部性作为因变量，以分析市场结构、经济周期、国有企业的不同行为。类似地，为了同时考虑多变量之间的线性关系，也分别加入交互变量。第三类模型在第一类模型的基础上加入了双重外部性，

以突出外部性的影响，同时便于与第一类不加入外部性的模型结果予以比较。

为了避免有可能出现的异方差问题，对全部数据序列进行标准化变换。由于数据中包含不随时间变化的虚拟变量*CP*，因此数据本身存在一定程度的固定效应。另外，通过随机效应模型预处理后的霍斯曼检验，可以确定部分模型同时包含随机效应，为此，构建混合效应模型；本节所用数据由于截面数据量大于时间序列数据量，因此采用截面加权的广义最小二乘法估算。另外，选择变参数模型和不变参数模型的*F*检验显示，不同模型存在部分参数截距变化，因此会选取不同的估计方法。霍斯曼检验、*F*检验结果及模型方法确定参见表5-3。

表5-3　模型预检验结果

模型类别		Huasman检验结果		*F*检验结果			参数估计方法
		*P*值	随机效应	*F*1	*F*2	参数类型	
Ⅰ	1	0.7494	存在	0.0335	0.0100	不变	混合效应模型
	2	0.7646	存在	0.0334	-0.0289	不变	混合效应模型
	3	0.9759	存在	0.0208	-0.0026	不变	混合效应模型
	4	0.9872	存在	0.0188	-0.0061	不变	混合效应模型
Ⅱ	5	0.0000	不存在	0.7709	0.1362	不变	固定效应模型
	6	0.0000	不存在	1.2165	0.2911	变截距	固定效应模型
	7	0.0000	不存在	1.5755	1.0791	变参数	固定效应模型
	8	0.0000	不存在	1.2716	0.7819	变截距	固定效应模型
	9	0.0000	不存在	0.5051	0.3394	不变	固定效应模型
	10	0.0000	不存在	0.5294	0.3347	不变	固定效应模型
	11	0.0000	不存在	1.0496	0.8461	变截距	固定效应模型
	12	0.0000	不存在	1.0297	0.8794	变截距	固定效应模型
Ⅲ	13	0.9056	存在	0.0296	0.0125	不变	混合效应模型
	14	0.9137	存在	0.0291	-0.0629	不变	混合效应模型
	15	0.9919	存在	0.0223	-0.0119	不变	混合效应模型
	16	0.9955	存在	0.0217	-0.0350	不变	混合效应模型

注：*F*检验值大于1.00则拒绝原假设。

5.4 实证结果

本节对各个指标的原始数据进行描述性统计分析（具体数值见表5–4）。

从企业性质的均值可以看出，资源型企业上市公司中，尽管国有企业占更大比例，但国有控股比例均值仅为25%左右，平均控股程度并不高。此外，成本费用利润率呈现较为明显的异质性，最高达到3378.986%，最小仅为–187.179%。这说明，有些资源型企业效率高，而有些利润甚至为负。另外，亏损企业仍然能够生存可能是资源配置扭曲的结果，可能的原因是产业存在退出壁垒，如沉没成本、来自社会的退出压力等。在80家上市公司中，市场份额比重最多的企业占全国产量的34.244%，最小的仅为0.001%。可以发现，中国可耗竭资源型产业目前虽然处于竞争性的市场结构中，但各个企业并没有在产量和利润上“平分秋色”。

表5–4　变量的描述性统计

指标	均值	最大值	最小值	标准差
成本费用利润率（%）	64.491	3378.986	–187.179	230.043
市场份额（%）	0.871	34.244	0.001	2.831
代际外部性（万元）	457836.582	23312046.097	991.313	1619011.482
环境外部性（万元）	47640.273	1507488.720	–260931.630	141659.539
企业规模（万元）	873860.013	24827200.000	62.020	2712790.473
企业性质（0或1）	0.625	1.000	0.000	0.485
国有资产股权份额（%）	25.104	74.090	0.000	23.606
用电量增长率（%）	4.348	37.230	–40.581	11.451

资料来源：笔者自行计算整理得到。

在考虑外部性和国有化对资源型企业结构绩效关系的影响之前，我们首先分析双重外部性是否受到企业产量份额、国有化水平和经济周期等因素的影响。

5.4.1 双重外部性与市场结构的关系

整体的计量检验结果显示，双重外部性作为一种负面绩效，同样受到市场结构的影响（见表5-5）。

5.4.1.1 代际外部性的影响因素分析

（1）企业产量份额、企业规模、企业性质、经济周期均是影响代际外部性的显著指标，且所有变量的影响均为正，其中影响最大的变量为企业规模（约为0.305），其次为市场份额（约为0.210），说明目前企业无论是单纯地扩大规模还是提高产量，均显著加速资源耗竭。但是交互作用同时显示（市场规模和份额的交互参数为负），如果两者同时扩大，能够部分抵销代际外部性的恶化，这很有可能源于资源型产业的规模经济性。

（2）国有企业较非国有企业对代际外部性的贡献更多，不仅如此，国有控股比例越高，代际外部性越大。由此可见，有部分国有企业在保护资源可持续发展中的表现不够好。

（3）从经济周期角度来看，用电量增长率越快，代际外部性越高；而且间接地通过交互作用扩大了企业产量份额对代际外部性的影响。因此，尽管经济发展会带动资源型企业的绩效上升，但是加倍助推了负外部性造成的损失，如何平衡经济与资源"此消彼长"的关系，是目前资源型企业和监管部门亟待解决的问题。

5.4.1.2 环境外部性的影响因素分析

（1）在所有因素中，企业规模仍然是影响环境外部性最显著的因素（约为0.894），这与企业规模对代际外部性的影响最大类似。但是，产量份额对*ENE*与*INE*的影响相反，产量份额越高的企业，环境外部性反而越小，说明如果能降低企业规模，同时提升企业有效产量和市场份额，是可以有效降低环境外部性的。

（2）用电量增长率的上升同样导致环境外部性的上升，这与*INE*类似，也与目前企业发展依赖宏观经济增长的外在驱动力相契合。

（3）有部分国有企业在环保方面的表现不够好，甚至出现国有化程度越高，环境外部性越高的现象，说明国有股权的职能转变仍然不足，对清洁生产技术方面的专项投资不太够。因此，从资源节约和环境保护两个方面来看，国有企业都应该利用国有股权的职能转变优势，更多地表现出正向的带头作用。

5.4.2　考虑外部性的资源企业结构—绩效关系研究

5.4.2.1　一个基准

在构建SCP-2E模型之前，先以不考虑外部性的传统SCP模型结果为基准模型，参数结果见表5-6（1）。

（1）从单变量因素来看，经济周期、市场份额和企业性质是影响中国资源型产业的关键因素。其中，用电量增长率与企业的绩效有显著的正相关关系（0.034），与此相反，其他变量如企业产量份额和企业性质与成本费用利润率均呈显著的负相关。可见，在不考虑外部性的时候，国有股权占比的上升将导致绩效下降，另外，不考虑外部性的影响时，企业规模扩大对绩效没有显著影响。

（2）从交叉变量来看，经济周期影响不变，仍然显著，企业规模的影响开始显现，且呈现负相关。同时显著的还有企业性质，而且对企业绩效的影响也为负，即无论市场份额上升1%或是企业规模扩大1%，企业绩效会分别下降4.2%和2.1%。且两者的交叉项显示，这两个指标还有联动效果，会扩大对方对绩效的负作用。也就是说，在用电量增长率高的地区，资源型企业的规模扩大和产量上升都不会显著提高绩效。因此，结合外部性的特征，在用电量增长率高的地区其实并不适合发展资源型产业，因为不仅会加剧环境负担，而且企业自身也难以获得经济效益。

5.4.2.2　SCP-2E模型结论

下面重点讨论SCP-2E模型的结果，参数结果见表5-6（2）。

（1）与不考虑外部性的模型相比，虽然各指标的显著性水平没有发生明显变化，但是影响程度发生明显变化。其中，市场份额对绩效的副作用有所减少；而企业性质，即国有股权对绩效的负面作用有所增强；另外，用电量增长率的升高，在考虑外部性之后，对企业的正向作用减少，即外在的经济驱动力在存在负外部性时，对企业的拉动作用变得有限。

（2）考虑多因素交互影响，可以发现企业规模、企业性质与产量份额的交互作用降低，同时在考虑外部性之后，企业规模单纯扩大比原先对绩效的负影响更大。说明存在外部性时，企业单纯地扩大规模比不存在外部性时会更多地减少绩效。

（3）代际外部性对目前企业的绩效基本没有显著影响；但是环境外部性对企业绩效有显著的正向作用，环境外部性上升1%，企业绩效就会提高约2.5%。

综合上述结论可以发现，2011年以来资源型产业绩效的提高，一方面依赖于经济增长的外向拉动，另一方面以巨大的环境污染为代价。

表 5–5　代际外部性、环境外部性与市场结构的关系

自变量	（1）因变量：*INE*				（2）因变量：*ENE*			
MSO	0.210*** （0.259）	0.319*** （0.0289）	0.442*** （0.0306）	0.494*** （0.0266）	–0.134*** （0.0274）	–0.090*** （0.0231）	0.013 （0.0334）	0.047 （0.0426）
FA	0.305*** （0.0261）	0.371*** （0.0291）	0.507*** （0.0352）	0.412*** （0.0267）	0.894*** （0.0450）	0.759*** （0.0413）	0.996*** （0.0344）	0.836*** （0.0433）
CP	0.027*** （0.0041）		0.053*** （0.0083）		0.046*** （0.0056）		0.040*** （0.0098）	
PS		0.064*** （0.0056）		0.074*** （0.0129）		0.073*** （0.0058）		0.163*** （0.0152）
EL	0.015*** （0.0026）	0.017*** （0.003）	0.081*** （0.0077）	0.064*** （0.0084）	0.010*** （0.0035）	0.015*** （0.0032）	0.039*** （0.0099）	0.052*** （0.0110）
MSO×*FA*			–0.173*** （0.0159）	–0.186*** （0.0170）			–0.082*** （0.0251）	–0.185*** （0.0261）
MSO×*CP*			0.243*** （0.0351）				0.063* （0.0357）	
MSO×*PS*				0.358*** （0.0522）				0.501*** （0.0624）
MSO×*EL*			0.244*** （0.0279）	0.199*** （0.0315）			0.109*** （0.0345）	0.163*** （0.0405）
样本量	320	320	320	320	320	320	320	320
Ad–R^2	0.682	0.493	0.717	0.573	0.724	0.708	0.754	0.724

续表

自变量	（1）因变量：***INE***				（2）因变量：***ENE***			
*F*值	172.22***	—	—	—	210.99***	194.73***	—	—

注：* 为 0.1 显著性水平；** 为 0.05 显著性水平；*** 为 0.01 显著性水平。

表 5-6　中国可耗竭资源型产业的结构绩效关系

自变量	（1）因变量：***RPC*** 不考虑外部性（基准）				（2）因变量：***RPC*** 考虑外部性			
MSO	−0.018*** （0.0050）	−0.019*** （0.0062）	0.054 （0.0520）	−0.042*** （0.0128）	−0.013** （0.0060）	−0.014** （0.0068）	0.058 （0.0525）	−0.034** （0.0146）
FA	−0.002 （0.0030）	−0.000 （0.0039）	−0.026** （0.0118）	−0.021* （0.0116）	−0.015 （0.0106）	−0.014 （0.0111）	−0.037** （0.0153）	−0.028* （0.0156）
CP	−0.020** （0.010）		−0.035** （0.0173）		−0.021** （0.0102）		−0.035** （0.0175）	
PS		−0.0121* （0.0070）		−0.008 （0.0076）		−0.013* （0.0072）		−0.008 （0.0082）
EL	0.034*** （0.0073）	0.030*** （0.0074）	0.026*** （0.0071）	0.026*** （0.0074）	0.032*** （0.0073）	0.027*** （0.0275）	0.025*** （0.0073）	0.026*** （0.0076）
INE					−0.013 （0.0087）	−0.013 （0.0094）	−0.011 （0.0088）	−0.016 （0.0100）
ENE					0.019* （0.0099）	0.019* （0.0106）	0.018** （0.0088）	0.013 （0.0096）
MSO×*FA*			0.013** （0.0059）	0.006 （0.0070）			0.011* （0.0061）	0.004 （0.0083）
MSO×*CP*			−0.129* （0.0674）				−0.122* （0.0681）	
MSO×*PS*				0.019 （0.0187）				0.025 （0.0256）
MSO×*EL*			−0.006 （0.0116）	−0.003 （0.0122）			−0.010 （0.0120）	−0.003 （0.0134）
样本量	320	320	320	320	320	320	320	320
Ad-R^2	0.139	0.108	0.134	0.146	0.135	0.107	0.142	0.140
*F*值	13.835***	10.653***	8.028***	8.880***	9.298***	7.354***	6.862***	6.753***

注：* 为 0.1 显著性水平；** 为 0.05 显著性水平；*** 为 0.01 显著性水平。

5.5 讨论

根据上述计量检验结果，可以得到以下4个核心结论。

第一，2011年以来，中国资源型企业市场份额的提高不仅没有提升企业绩效，反而产生了负作用，说明部分资源型企业的兼并重组只是单纯扩大了企业规模，而没有切实提高企业效率。考虑外部性后，企业规模对绩效的影响从间接变为直接，且影响为负，更加突出了目前部分较大规模资源型企业的效率较低。

第二，对比企业所有权性质的参数结果可以发现，在有限样本的国有企业中，国有控股比例越低，绩效会更高。结合企业规模和性质的相关性，许多国有企业以大型企业为主，由此说明企业规模扩大、绩效却显著降低的原因在很大程度上是由部分国有企业规模过大造成的，这些规模过大的企业往往有较高的运营成本，如果没有实现规模经济，反而容易阻碍企业的利润水平的提高。

第三，无论是否考虑外部性，目前企业绩效的提高，主要还是依赖于地区经济的拉动，但是，在用电量增速较快的地区，也伴随着较大的外部性损失。这一结论与经典环境经济学理论中环境与经济发展的关系论证是一致的，因此如果保持技术水平不变，大幅减少外部性很可能会导致经济的增速放缓。

第四，市场份额对代际外部性和环境外部性的效果相反，代际为正，环境为负，说明市场份额扩大的外部成本主要是代际成本。环境外部性受到地区经济增速的影响较为显著。

综上所述，目前国有企业中的国有股份职能仍以提高企业绩效为主，综合考虑对双重外部性的规制作用比较有限，而且受到规模过大、企业负担过重的拖累，较难在绩效上表现出本该拥有的优势。因此前述模型尽管已经证明国有股权份额有可能减少外部性，但这需要建立在提高企业生产效率的基础之上。

实际上，目前中国可耗竭资源型产业中，大部分国有企业尽管拥有更高的技术水平，能够实现更好的回采率标准，也能落实国家的环保技术标准，但诸多问题造成的负面影响让国有企业的外部性问题变成鸡肋。如何权衡“金山银山”与“绿水青山”的利弊，是中国可耗竭资源型产业无法回避的一个难题，也是资源型产业中，国有企业需要承担的责无旁贷的任务。

从本章不考虑开放经济的SCP-2E模型来看，国有股权尚未表现出显著的优势，然而在理论模型中，在一定的外部性条件下，国有股权在添加了间接进入规制的职能后，对解决外部性的作用是显著的。因此本书将进一步验证开放经济环境下，国有股权对不同程度双重外部性的规制效果。

第6章 中国可耗竭资源SCP-2E模型——基于产业层面

第4章、第5章的实证研究基于2011—2014年的数据，属于短期企业层面的分析。为了探究中长期国有化对外部性及产业绩效的影响，本章的实证分析将立足于1999—2015年资源型产业数据。由于时间序列变长，必须考虑宏观经济的变化，尤其是在中国加入WTO之后，各类产业逐渐开放，资源型产业也不例外，因此本章从企业层面转向产业层面的分析，并额外加入对开放经济的考虑。

如第3章所述，开放经济环境下宏观经济更为多变和复杂，对中国可耗竭资源型产业会产生正、负两种直接影响。负面的，即加剧外部性和过度进入；正面的，即缓解负外部性损失和产能过剩。如果外资企业的生产活动以本国的资源消耗为主，单纯增加投入会加剧环境污染和资源耗竭，这是负面影响。但是如果通过外资引入新技术，提高企业生产效率，则会减少双重外部性，这是正面影响；另外，如果将资源密集型的产业搬离本国，会直接减少本国的资源消耗和环境污染，缓解双重外部性和过度进入，这也是正面影响。

在对外开放背景下，中国可耗竭资源型产业的外部性与间接进入规制的关系变得更加复杂，本章将建立协整模型和门槛效应模型进行深入探究。

6.1 开放经济下的外部性与社会福利

6.1.1 中国可耗竭资源的进出口现状

中国自2001年加入WTO以来早已成为世界贸易大国。中国的主要出口商品是机电产品、传统劳动密集型产品等，主要进口商品是机电产品、矿产品等。2016年中国进出口贸易总额为3685557.41百万美元，其中煤炭的进出口总额达到14850.29百万美元[①]。

依据国家统计局公布的煤炭、铁矿石、主要有色金属三类可耗竭资源的进出口量和进出口额，可以估算资源的进出口价格。从三类资源的价格变化趋势可以发现，自2005年起，煤炭资源的平均出口价格开始高于平均进口价格，在2011年以前持续上升，之后开始下降。生铁资源、有色金属资源近20年的平均出口价格一直高于进口价格，进口价格波动不大，但是出口价格均有显著的波动，可见资源在出口时更容易受到国际市场的影响（见图6–1、图6–2、图6–3）。在国内资源耗竭性越发严重，资源出口又具有价格优势的背景下，很多可耗竭资源的开采企业都会选择出口矿产资源以获取经济利益，从而造成资源外流更加严重。

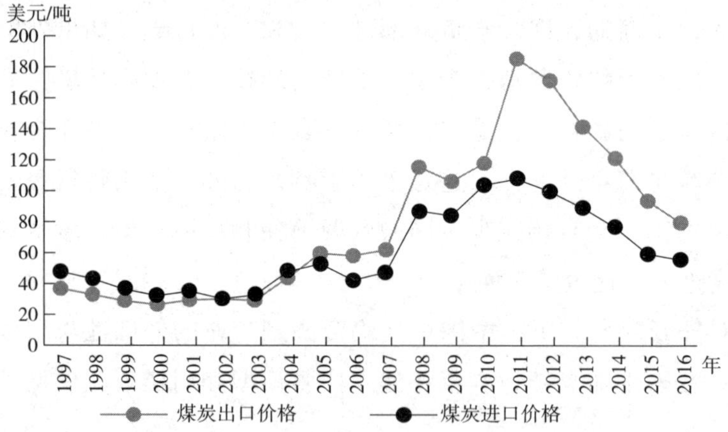

图 6–1　1997—2016 年煤炭资源的进出口价格

数据来源：根据国家统计局官网公布的煤炭进出口量和进出口总额计算而得。

① 数据来源：中国国家统计局官网。

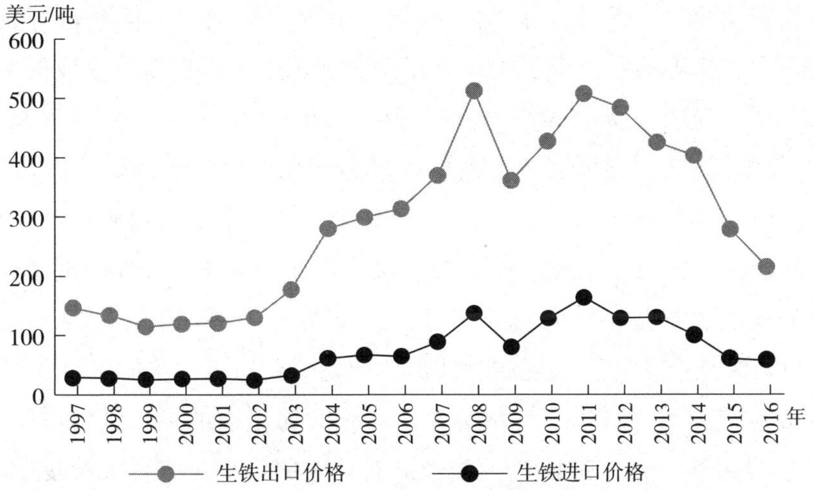

图 6-2　1997—2016 年生铁资源的进出口价格

数据来源：根据国家统计局官网公布的生铁进出口量和进出口总额计算而得。

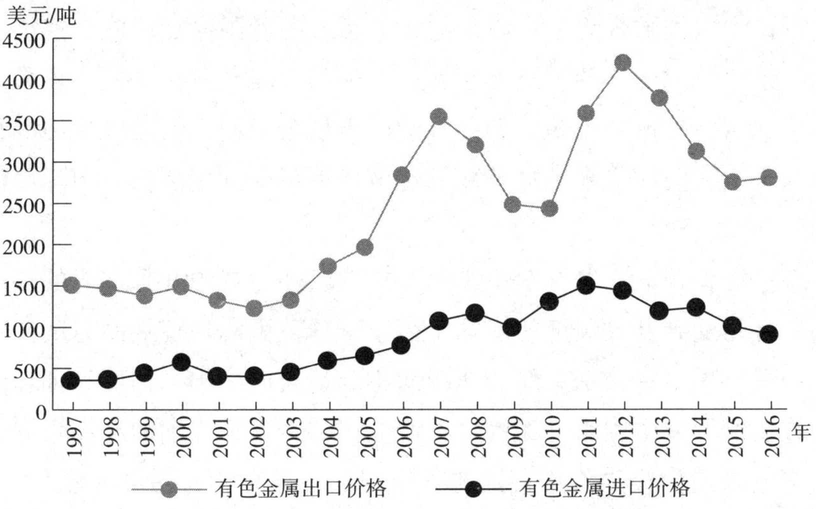

图 6-3　1997—2016 年有色矿产资源的进出口价格

数据来源：根据国家统计局官网公布的有色矿产资源出口量和出口总额计算而得。

从煤炭资源的进出口总量上来看，中国一直是世界煤炭的进出口大国，近年来更是不断增加煤炭的进口总量，成为净进口国。另外，中国也是全球最大的铁矿石进口国，而且在近两年加大了对澳大利亚矿产资源的投资力度，如宝钢、首钢、武钢、中钢、鞍钢、中信泰富等企业，都在澳大利亚等国家投资了铁矿，以用于本国中下游钢铁等企业的生产。可以发现，这两大资源的对外依赖程度不断上升，相关的矿产资源型产业具有战略意义，会面临更大的国际形势变化的风险。例如，2012年澳大利亚政府开征高达30%的资源税，增加了中国企业投资澳大利亚矿产的成本，而且抬高了全球的铁矿石和煤炭价格。因此，开放经济条件下，资源的流通更加复杂，资源型产业会受到更多外部不确定因素的影响，因而对资源型产业的进入规制和外部性问题需要更进一步的探讨。

2009年英国、日本、美国等国对中国政府采取的稀土进出口限制向WTO提出诉讼，诉讼理由是中国政府对稀土的配额、许可证等规制不属于公开的市场行为，存在所有者歧视，对民营企业和国有企业不具有同等效力等。由于WTO的宗旨是非歧视性原则、最惠国待遇和公平竞争，而中国原有对稀土出口配额的管制与上述原则有不同之处，因此中国在本次诉讼中以失败告终，最终被迫放开稀土配额限制。因此，继续实施这种行政命令式的干预不仅无法保护本国的战略性资源，反而容易引发很多国际贸易摩擦。因此，如果不能以市场为原则，反而以单纯的行政命令为手段，会在未来更加开放的经济环境下受到更多来自国际经济市场的质疑和诟病。

除了资源大量流失引发的代际外部性以外，资源开采造成的环境外部性更容易受到开放经济的影响。由于全球范围内环境规制力度并不平衡，国际上很多污染密集的产业源源不断地流向中国、印度等环境规制力度较弱的发展中国家，尽管这种产业转移带动了当地的经济发展，但以更多的环境污染为代价，这些国家因而也被称为“污染天堂”。近年来，中国以廉价的自然资源和劳动力资源吸引了大量的外资投入，因而有“世界工厂”之说，代价便是环境恶化和资源耗竭。更为严峻的是，中国的环境保护条例和法案至今仍然不够完善，排污标准与国际脱节，因此甚至出现很多本国的同类企业，在生产过程中的排污标准甚至更低于外资企业。中国对环境外部性的规制和标准还远远不足。

综上所述，资源型产业过度进入会引发低价，进而在自由贸易条件下更易造成资源流失和环境污染。加之无论是煤炭、黑色金属还是有色金属，这些资源的产权实际上都属于全民所有，具有战略意义，但国家委托企业开采和加工之后，也具有一般商品的属性，需要符合市场经济原则。因此，开放经济条件下，对可耗竭资源不合意的政府规制更容易引发与预期相反的效果。政府治理最大的难点在于既要平衡资源保护和经济发展，还要考虑自由贸易和能源安全。本节简要分析国际贸易对双重外部性的影响机制，以及自由贸易是如何通过外部性间接影响社会福利和产业结构的。

6.1.2 进口对外部性和社会福利的影响

根据国际贸易的比较优势理论，在不考虑政府规制和技术进步的情况下，如果中国仍然在资源禀赋和劳动力方面占优，国外的资源密集型企业则会持续流入本国，直观而言，这会加剧双重外部性的上升；反之，如果本国的资源密集型企业能够找到更合适的国家进行投资和生产，从本国转移出去，则会缓解本国的双重负外部性和进入过度问题。从消费角度来说，开放经济条件下，国内的供需市场会因为国内外价格不平衡而被打破，如果国际市场的资源价格低，在不考虑贸易壁垒的情况下，可能会直接减少对本国资源的消耗，如果国际市场价格高，反而会增加本国的资源消耗。

首先分析进口对可耗竭资源型产业外部性和社会福利的影响。开放条件下的外部不经济，同样可以理解为生产过程中社会成本和私人成本的货币化差额，与第3章中图3-15类似，图6-4中，资源型产业的私人成本和社会成本分别为MC^P和MC^S，如果外部性成本没有通过税收等方式内部化，则封闭经济下的生产均衡为c点，产量为Q_1，均衡价格为P_1，社会净福利为$gec-gfbc$。当封闭条件改为自由贸易，国际市场价格为P_2时，资源消费总量变为Q_2，进口量为Q_3Q_2，可以看出社会净福利变为$gehk-gfmk$。此时，由于国际市场价格较国内低，资源的大量进口增加了社会福利，这是因为一方面提高了资源的总消费量，另一方面减少了负外部性成本。因此，开放经济条件下，当国际市场价格比本国市场低时，尽管本国该资源的消费量明显上升，但是由于主要依赖进口，没有增加本国资源消耗，负外部性成本反而下降。下面分析国际市场价格高于本国市场的情况。

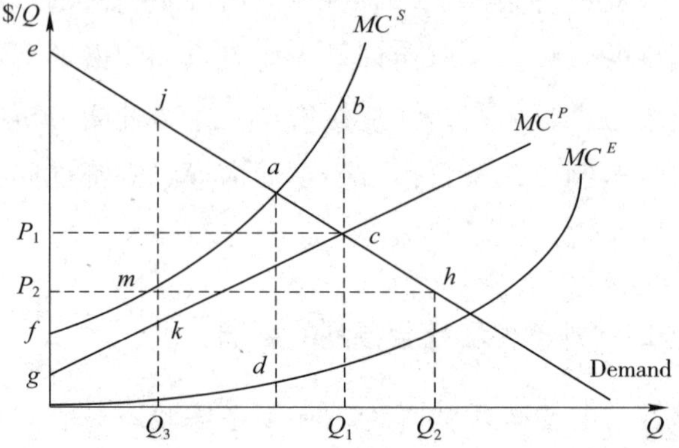

图 6-4　负外部性下的进口和社会最优产出

资料来源：笔者自行绘制。

6.1.3　出口对外部性和社会福利的影响

自由贸易条件下，如果国际市场价格高于本国均衡价格，则产生资源的净流出。图6-5中，封闭经济下的均衡产量仍然为Q_1，均衡价格为P_1，社会净福利为$gec-gfbc$。

对外开放后，国际市场价格高于本国，因而促进了本国的资源出口，使得该资源的出口量为Q_5Q_4，由此获得的社会净福利为$gejh-gfdh$。与封闭经济的均衡结果相比，福利变化为$cjh-cbdh$。与进口不同，出口对福利的作用并不确定，具体可以划分为以下两种情况：

（1）如果该资源的净出口所获得的收入大于负外部性损失，则会提高社会福利；

（2）如果该资源的净出口所获得的收入小于负外部性损失，则会降低社会福利。

因此开放经济下，当国际市场价格高于本国，该资源的净出口对社会福利的影响主要取决于出口所获得的收入和负外部性损失的大小比较。

因此在不考虑贸易壁垒和政府规制的情况下，一方面进口可以减少存在负外部性产业的福利损失；另一方面，如果出口能够获得较高收益，也同样可以抵销负外部性损失，提高社会福利。

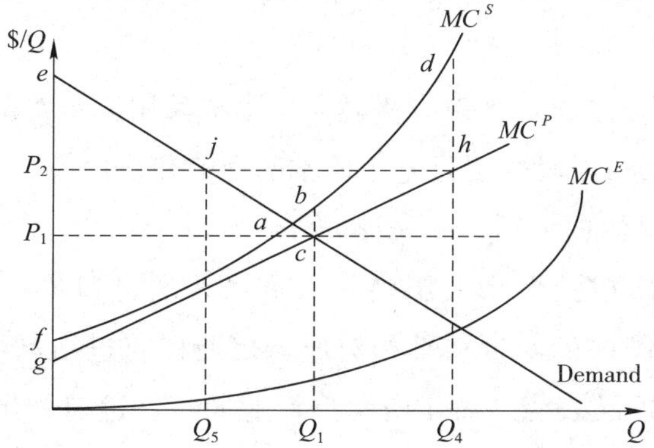

图 6–5　负外部性下的出口和社会最优产出

资料来源：笔者自行绘制。

6.2　国有化、双重外部性与产业绩效的协整关系研究

开放经济使原有资源出现流动，国有化在这种情况下对双重外部性和绩效的影响是否会改变，需要进一步验证。本节运用协整分析，探究中国煤炭产业、黑色金属产业以及有色金属产业的进出口、国有化、外部性及产业绩效的相互影响。

6.2.1　数据来源和变量设置

本节用于计量分析的数据主要来源于中国经济网统计数据库，时间跨度为1999年3月—2015年5月，频度为月度数据，对数据缺失的月度进行剔除后整理为平衡面板，最终样本的时间序列长度为118个月。

截面类别依然包括煤炭、黑色金属和有色金属三类产业。研究中具体所选取的指标包括：

（1）成本费用利润率（*Profit*）。

由于数据库中的成本费用利润率为年度数据，直接使用存在较大误差，因此本书通过相关月度数据转换计算得到。具体计算公式为：（各产业每月主营业务收入－各产业每月主营业务成本）/各产业每月主营业务成本 ×100%。

与第4章、第5章的处理方法类似，本节采用成本费用利润率的原因也是考虑到双重外部性主要是基于成本的理解和视角。

（2）进出口数据（*Import*, *Export*）。

各产业进出口数据均采用当月该类产业的进口量（吨）和出口量（吨），可以与国内的产量水平相对应。之所以将进口和出口分开计量，是因为前述分析已表明，对于资源型产业而言，进口和出口的影响是有明显差别的，如果按总量计算误差较大。

（3）国有企业的收入占总收入的占比（*Public*）。

为了反映间接进入规制，仍然采用国有化指标替代。与第4章、第5章企业数据中采用国有股权份额不同，本节的国有化指标是以收入结构为衡量标准，即国有企业收入在全部产业总收入中的分量。根据目前的统计口径，该指标的计算是规模以上的国有企业收入占全部规模以上企业的总收入比例。除收入外，另一种可量化的国有化的替代指标是国有企业数量，本节的研究没有使用数量为衡量标准的原因有二：一是因为国有企业数量没有月度数据，即使采用月度平均也会引起较大误差；二是由于衡量产业绩效的指标为收入成本比，因此同样采用收入数据可以使前后分析的单位保持一致，另外百分比数据可以消除价格因素、单位不同对收入的影响。

（4）代际外部性（*INE*）和环境外部性（*ENE*）。

本节的代际外部性和环境外部性的计算方法与第4章、第5章类似，分别采用的是使用者成本法和条件估值法；在代际外部性的计算中，贴现年限从1999年起设为30年，之后每年依次类推，逐年递减，分别为29年、28年等。另外，在税费处理上，由于时间跨度较长，不同时间段的税率有所不同（税率处理与前两章一致，详见表4–1数据来源）。

（5）控制变量（*Capital*，*Elec*）。

考虑到产业规模变化和经济发展水平对绩效的影响，除上述变量外，增加各产业资产总额和发电量增长率水平作为模型的两种控制变量。其中资产总额反映该资源的生产规模，而发电量可以间接反映1999—2015年中国经济发展的速度，与直接用国民生产总值相比更精确。额外说明的是，与发电量相比，能够更精确地反映经济发展变化的指标应该是用电量，但由于能获得的用电量数据是从2011年开始统计的，存在数据缺失，加之从发电到用电，除部分损耗外，精度误差较小，因此，本节最终选取发电量作为经济周期变化的替代指标。全部变量总结为表6-1。

表6-1 指标设定

外部性		产业绩效	进出口		间接进入规制	控制变量	
代际外部性	环境外部性	成本费用利润率	进口	出口	国有企业收入份额	企业规模	地区发电量
INE	*ENE*	*Profit*	*Import*	*Export*	*Public*	*Capital*	*Elec*

6.2.2 国有化和外部性的趋势研究

在进一步检验之前，首先对核心变量——国有化水平和双重外部性的时间趋势和变化进行简单分析说明。

图6-6反映了中国煤炭、黑色金属、有色金属三大产业的国有及国有控股企业主营业务收入占全部规模以上企业主营业务收入的比重变化。可以看出，在三类资源型产业中，煤炭产业的国有企业所占收入比例最高，在2003年以前，煤炭产业的国有企业收入占比几乎接近1，之后平稳下降，在2014—2015年又有回升；黑色金属和有色金属的占比相差不大，仅在2004—2006年出现有色金属国有企业收入占比增多的情况，之后均呈现平稳略微下降的趋势。值得注意的是三类产业有一个共同特征，即大约在每年初时国有企业收入占比出现全年最低点。对比图6-7、图6-8可以发现，大多年份的年初正是两类外部性相对较高的点，由此可以推断当规制相对放松时双重外部性均可能有所增加。

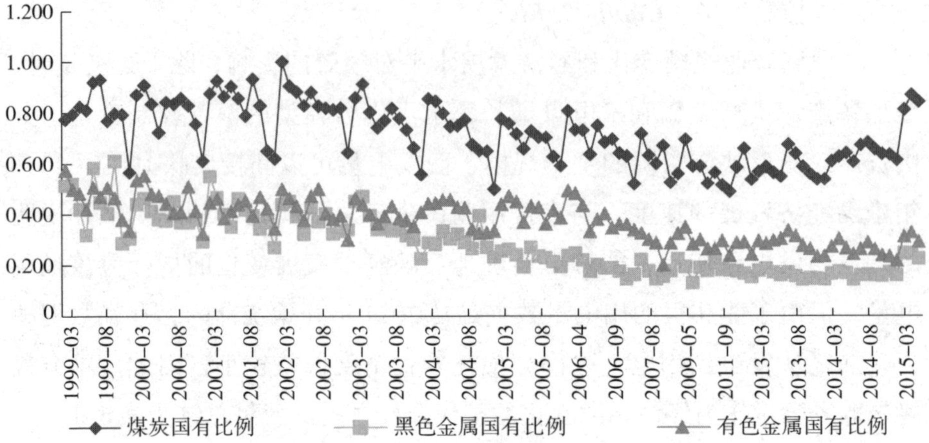

图 6–6　三大产业的国有及国有控股企业收入占规模以上企业总收入的比例

资料来源：笔者根据国家统计局及企业年报相关数据整理计算得到。

与国有收入占比不同，三类资源型产业的代际外部性和环境外部性均呈现明显的上升趋势，尤其在2007年之后，煤炭的两类外部性呈现迅速上升趋势（图6–7、图6–8）。

先来分析代际外部性。从图6–7可以看出，在1999年至2006年9月，三类资源的代际外部性一直处于较为平稳的低位，2007年8月之后，煤炭、黑色金属、有色金属的代际外部性均呈现明显的上升趋势，而三种产业中，煤炭产业的变化最明显，上升速度和总量都高于另外两种资源。结合第3章煤炭产业的产量数据可以发现（见图3–1），代际外部性的上升趋势与煤炭产量的上升趋势一致，因此，煤炭产业在近10年的过度开采问题相对于其他两类产业而言更加严重。

图6–8反映了三类产业的环境外部性。需要说明的是，2006—2007年，煤炭产业的环境外部性突然下降，形成明显的第一个断点，主要原因在于自2007年起，中国开始征收安全生产费[①]，要求在矿山开采、建筑施工、危险品生产以及道路交通运输等行业全面实行安全费用制度，因此，自2007年起，环境外部性的计算中额外扣除了安全生产费，由此

① 有关安全生产费的具体说明参见2006年原国家安全生产监督管理总局发布的《高危行业企业安全生产费用财务管理暂行办法》。

形成了时间序列的第一个断点。另外，根据上市公司企业年报的说明，2007年至2013年1月，煤炭的安全生产费率为22.5元/吨，黑色金属为6元/吨，有色金属为5元/吨；2013年之后煤炭的安全生产费的计提费率降低为12.5元/吨，其他产业不变，因此煤炭产业的环境外部性序列形成了第二个断点。即使忽略2007—2012年的突然下降，煤炭、黑色金属、有色金属环境外部性的整体趋势仍然是逐步上升的。

比较三类产业可以看出，无论代际外部性还是环境外部性，煤炭产业的外部性在三类产业中都是占比最高的，相较而言，有色金属占比最少。进一步结合国有化程度可以发现，有色金属的国有化程度也是最低的。然而由于没有考虑煤炭的产量远高于另外两类产业，因此国有化和外部性的关系仍需进一步探讨。

另外，与代际外部性不同，环境外部性的时间趋势变化并不明显，属于平稳上升的趋势，尽管近年来有所加剧，但没有代际外部性的上升速度快。环境问题本身具有逐年积累、滞后爆发的特点，当环境污染超过生态本身的自净功能后，环境问题才会凸显。因而2013年以来雾霾等问题的凸显也是多年环境污染不加节制、不断积累的后果。

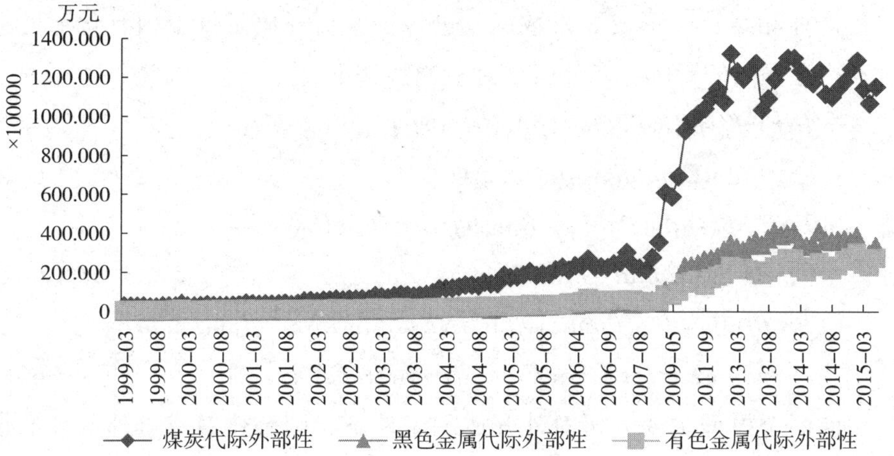

图6-7 三类资源的代际外部性趋势图

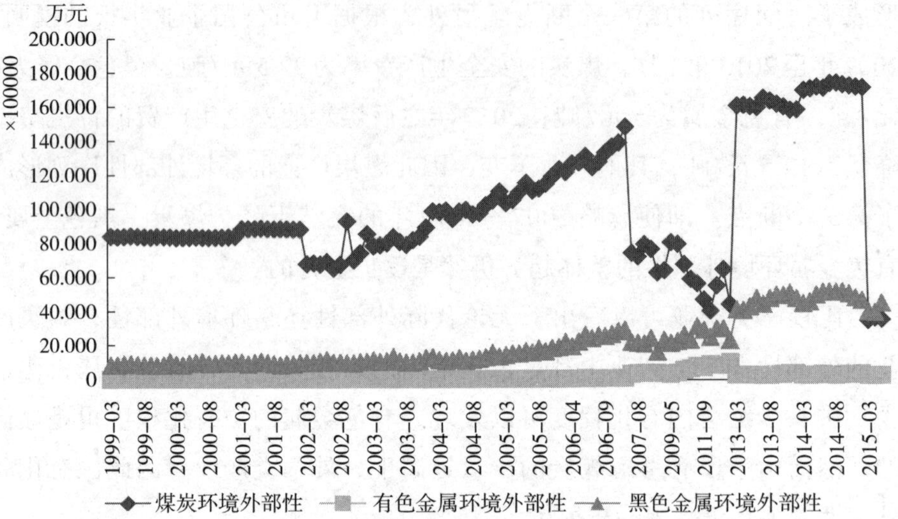

图 6–8　三类资源的环境外部性趋势图

6.2.3　计量模型和预检验

从前述分析可以看出，国有化、外部性和产业绩效的关系在开放经济下越发复杂，本节首先对三类资源型产业分别进行协整分析，然后将三类产业相结合，形成面板数据，进一步分析开放条件下国有化对外部性和产业绩效的影响。具体构建计量模型如下：

$$\ln(INE)=\beta_0+\beta_1\ln(Public)+\beta_3\ln(Import)+\beta_4\ln(Export)+\beta_5\ln(Capital)+\beta_6\ln(Elec)+\varepsilon_i \quad (6\text{–}1)$$

$$\ln(ENE)=\beta_0+\beta_1\ln(Public)+\beta_3\ln(Import)+\beta_4\ln(Export)+\beta_5\ln(Capital)+\beta_6\ln(Elec)+\varepsilon_i \quad (6\text{–}2)$$

$$\ln(Profit)=\beta_0+\beta_1\ln(Public)+\beta_2\ln(INE)+\beta_3\ln(ENE)+\beta_4\ln(Import)+\beta_5\ln(Export)+\beta_6\ln(Capital)+\beta_7\ln(Elec)+\varepsilon_i \quad (6\text{–}3)$$

前两个模型主要分析对外开放的条件下，国有化对双重外部性的作用，第三个模型重点分析外部性、国有化对产业绩效的交互影响。

在进行协整分析前，首先对每个时间序列进行单位根检验，确定序列是否平稳。表6–2为每个序列的平稳性检验（Augmented Dickey–Fuller test，ADF）结果，可以看出，大部分的序列本身不平稳，但一阶差分后显示平稳。因此在实际的计量中，采用一阶差分（I1）的数据模型进行分析。

三类产业相结合构建面板数据的平稳性检验见表6-3。可以发现，除了发电量数据之外，其他数据原序列均不平稳，但是一阶差分后平稳，因此数据为非同阶单整，同样对全部原序列进行变化，取一阶差分后再进行协整分析。将全部面板数据做一阶差分后，进行序列残差的协整检验，结果如表6-4所示。可以看出，关键变量利润率与国有化水平、进出口、外部性之间均存在显著的协整关系。下面对上述面板数据进行固定效应模型具体分析。为了避免模型出现异方差和序列同期自相关问题，此处选取似不相关回归法（seemingly unrelated regression，SUR）[①]来估计方程。

表6-2　时间序列的平稳性检验（ADF）

变量		原序列		一阶差分序列	
		ADF	*P*值	ADF	*P*值
煤炭	*Profit*	−1.644	0.4569	−20.588***	0
	Public	−0.816	0.8103	−8.149***	0
	Export	−0.567	0.8724	−15.909***	0
	Import	−1.969	0.3002	−18.747***	0
	INE	−0.415	0.9019	−11.530***	0
	ENE	−2.918**	0.0464	—	—
	Capital	−0.366	0.9101	−11.952***	
	Elec	−3.567***	0.0079	—	—
黑色金属	*Profit*	−2.047	0.2667	−14.471***	0

① 似不相关回归是扰动项具有同期相关的诸方程组合而成的模型。例如，把多个需求方程（或多个投资方程或多个消费方程等）组合在一起进行估计，由于总的经济状况对这些方程的扰动项可能有相似的影响，从而使这些方程的扰动项具有同期相关。这种联合估计比分别估计每一方程可能更有效。因为这种估计考虑了同期相关。

续表

变量		原序列		一阶差分序列	
		ADF	*P* 值	ADF	*P* 值
黑色金属	*Public*	–1.228	0.6606	–10.953***	0
	Export	–1.543	0.5084	–11.926***	0
	Import	–0.579	0.8698	–9.109***	0
	INE	–0.740	0.8314	–16.190***	0
	ENE	–0.508	0.8846	–15.849***	0
	Capital	1.279	0.9985	–5.275***	0
	Elec	–3.567***	0.0079	—	—
有色金属	*Profit*	–1.495	0.5325	–13.210***	0
	Public	–2.335	0.1630	–11.467***	0
	Import	–2.216	0.2017	–15.141***	0
	Export	–1.587	0.4858	–10.828***	0
	INE	0.090	0.9636	–10.967***	0
	ENE	–1.023	0.7436	–11.729***	0
	Capital	1.272	0.9984	–4.712***	–0.0002
	Elec	–3.567***	0.0079	—	—

注：* 为0.1显著性水平；** 为0.05显著性水平；*** 为 0.01显著性水平。—表示模型无该变量。

表 6–3　面板数据的平稳性检验（ADF）

变量	原序列		一阶差分序列	
	ADF	*P* 值	ADF	*P* 值
Profit	4.527	0.6100	–29.420***	0.0000
Public	5.222	0.5200	159.981***	0.0000
Export	3.499	0.7400	229.423***	0.0000
Import	6.708	0.3500	215.878***	0.0000
INE	0.600	0.9900	229.642***	0.0000
ENE	6.399	0.3800	236.075***	0.0000
Capital	0.146	0.9900	45.7524***	0.0000

续表

变量	原序列		一阶差分序列	
	ADF	*P*值	ADF	*P*值
Elec	26.860***	0.0000	—	—

注：* 为0.1显著性水平；** 为0.05显著性水平；*** 为 0.01显著性水平。—表示模型无该变量。

表 6-4-1　利润率、国有化与进出口的协整检验

	Statistic	Prob.	Statistic	Prob.
Panel v-Statistic	−0.753442	0.7744	−0.827401	0.7960
Panel rho-Statistic	−26.48988	0.0000	−26.89757	0.0000
Panel PP-Statistic	−63.39536	0.0000	−55.17583	0.0000
Panel ADF-Statistic	−19.76234	0.0000	−19.26627	0.0000
Group rho-Statistic	−28.90827	0.0000		
Group PP-Statistic	−94.41318	0.0000		
Group ADF-Statistic	−23.87158	0.0000		

表 6-4-2　利润率、外部性与控制变量的协整检验

	Statistic	Prob.	Statistic	Prob.
Panel v-Statistic	−1.477649	0.9302	−1.596977	0.9449
Panel rho-Statistic	−24.73065	0.0000	−24.43550	0.0000
Panel PP-Statistic	−43.25908	0.0000	−43.81923	0.0000
Panel ADF-Statistic	−17.79853	0.0000	−17.52128	0.0000
Group rho-Statistic	−26.79826	0.0000		
Group PP-Statistic	−52.33553	0.0000		
Group ADF-Statistic	−21.55613	0.0000		

6.2.4　实证结果

下面先分析三类资源型产业各自的协整问题，进而将三类资源型产业整合成面板，同时做稳健性判断。

在煤炭产业的国有化与外部性的协整关系中，国有化、总资产规模与双重外部性存在显著的协整关系。具体而言，国有化程度的提高，显著降低了煤炭代际外部性的产生，但是对于环境外部性没有显著影响。煤炭开采过程中回采率是较为重要的指标。国有化程度较高时，回采率较高，这对于煤炭资源的保护和合理有效的开发利用都是有利的。目前进出口对煤炭产业的外部性没有显著影响，可能的原因是煤炭出口占煤炭产量的比重较小。另外，总资产规模的扩大，显著增加了代际外部性，这是由煤炭资源开采总量的上升导致的，这与前述的趋势分析一致；但是随着总资产规模的扩大，环境外部性有所下降，原因是大企业的总资产中有一部分体现为设备改进投入和环保投入，因而技术水平更高，环保力度更强（见表6–5）。

表 6–5　煤炭和黑色金属的协整分析

变量	资源种类					
	煤炭			黑色金属		
	INE	*ENE*	*Profit*	*INE*	*ENE*	*Profit*
Public	−0.637*** （0.0502）	−0.034 （0.2269）	0.031 （0.2435）	−0.961*** （0.0674）	−0.101* （0.055）	0.586** （0.2381）
Import	−0.002 （0.0121）	−0.003 （0.0547）	−0.063* （0.0373）	−0.005 （0.0906）	−0.164** （0.074）	0.359* （0.1939）
Export	−0.004 （0.0267）	0.102 （0.1205）	0.014 （0.0825）	0.006 （0.0286）	−0.010 （0.023）	−0.066 （0.0599）
INE	—	—	−0.273 （0.2946）	—	—	1.145*** （0.2006）
ENE	—	—	0.013 （0.0662）	—	—	−0.677*** （0.2453）
Captial	1.296*** （0.2188）	−2.847*** （0.9890）	0.608 （0.7932）	0.597*** （0.0191）	0.209 （0.1564）	−0.980** （0.4196）
Elec	−0.018* （0.0098）	−0.022 （0.0442）	0.012 （0.0306）	−0.019 （0.0186）	−0.009 （0.0152）	0.055 （0.0391）
ADF. Test	−10.606***	−3.410**	−19.590***	−10.509***	−15.858***	−16.871***
Ad-R^2	0.604	0.049	—	0.649	0.042	0.308
F 值	36.058***	2.204*	—	43.469***	2.003*	8.328***

注：* 为0.1显著性水平；** 为0.05显著性水平；*** 为 0.01显著性水平。—表示模型无该变量。

在黑色金属产业中，国有化显著降低了代际外部性和环境外部性，即国有化程度越高，黑色金属的双重外部性越小，而且相比煤炭产业而言，同比例上升国有化水平，黑色金属产业的代际外部性降低的幅度更大。从进出口的角度来看，黑色金属的进口显著减少了国内的环境外部性。中国的铁矿石资源储量并不丰富，资源储量低，品位和质量也较差，属于贫矿，模型结果也佐证了近年来我国大量进口澳大利亚、巴西等国的铁矿石对减少本国铁矿石开采引起的环境污染问题已经起到了一定作用。因此，对于黑色金属产业而言，国有化程度的提高与进出口均显著降低代际外部性和环境外部性。

有色金属产业的国有化与黑色金属类似，国有化程度的提高，可以显著降低双重外部性；而产业资产规模的扩大，则会同时增加两类外部性。进出口没有对有色金属产业的外部性产生显著影响。

从三类产业的综合协整分析来看，参数结果与各产业的协整分析基本保持一致，国有化对三类资源的双重外部性有显著的降低作用，而资产规模的扩大，显著增加了双重外部性，进出口除了黑色金属外没有对中国其他资源型产业的双重外部性产生显著作用，这与前文的理论推断一致，说明开放经济下，依赖提高进口或减少出口对解决双重外部性的影响有限。分样本的模型结果也进一步验证了协整关系的稳健（见表6–6）。

表 6–6　有色金属和三类产业综合的协整分析

变量	有色金属			三类资源综合			
				外部性		绩效	
	INE	*ENE*	*Profit*	*INE*	*ENE*	*Profit*_1	*Profit*_2
Public	–0.606*** （0.0649）	–0.726*** （0.1065）	0.138 （0.2333）	–0.760*** （0.032）	–0.265*** （0.0410）	–0.089 （0.0956）	0.306** （0.1502）
Import	–0.056 （0.0579）	–0.017 （0.0951）	–0.147 （0.1506）	0.004 （0.0093）	–0.012 （0.0247）	–0.016 （0.0312）	–0.012 （0.0326）
Export	–0.083 （0.0518）	–0.057 （0.0850）	–0.135 （0.1357）	–0.009 （0.0153）	0.003 （0.0199）	–0.028 （0.0446）	–0.036 （0.0428）
INE	—	—	–0.057 （0.2619）	—	—	—	0.579*** （0.1400）

续表

变量	有色金属			三类资源综合			
				外部性		绩效	
	INE	*ENE*	*Profit*	*INE*	*ENE*	*Profit*_1	*Profit*_2
ENE	—	—	−0.041 (0.1597)	—	—	—	−0.063 (0.0703)
Captial	0.471* (0.2802)	0.970** (0.4595)	0.883 (0.7427)	0.578*** (0.1228)	0.462*** (0.132)	−0.253 (0.3428)	−0.589* (0.3308)
Elec	−0.024 (0.0132)	0.046** (0.0216)	0.041 (0.0358)	−0.033** (0.0142)	0.003 (0.0133)	0.006 (0.0349)	0.029 (0.0364)
ADF. Test	−10.627***	−11.671***	−19.591***	—	—	—	—
Ad−R^2	0.458	0.372	—	0.602	0.132	0.005	0.035
F 值	20.470	14.627***	—	76.655***	8.651***	0.2808	2.403***

注：* 为0.1 显著性水平；** 为0.05 显著性水平；*** 为 0.01 显著性水平。—表示模型无该变量。

综上所述，开放经济环境下，国有化水平的上升对双重外部性有显著抑制作用。由此说明，1999年以来，国有企业在综合实力、竞争实力、环保投入等方面较非国有企业强，国有企业是与国际市场上其他国家的企业相互抗衡的中坚力量。与国有化相比，产业规模的扩大作用则相反，而国际贸易只在减少黑色金属产业的环境外部性中发挥了显著的作用。

显然，考虑开放经济条件后，提升国有化水平是短期内较为占优的选择。然而，国有化程度的提高，很可能会带来企业规模的扩大，第5章的研究显示单纯扩大企业规模还需要避免生产效率的降低。由于双重外部性一直是动态变化的，国有化是否在降低外部性的同时会拖累整体的产业绩效，需进一步检验。为此，6.3节将外部性为作为门槛变量，研究国有化的间接规制效果是否会在不同外部性程度下出现显著变化，从而找到合理的规制区间和强度。

6.3 国有化、双重外部性与产业绩效的门槛效应研究

第4章的理论分析显示不同的外部性水平下，国有化对产业绩效的影响作用不是单调的，因此本节将代际外部性和环境外部性分别作为两类

门槛变量进行研究。

根据汉森（Hansen，2000）对门槛回归的分析，单一门槛的模型旨在分析是否存在一个阈值，使得线性模型的回归参数在这个阈值前后发生显著变化。这种分析方法目前在国内金融、贸易和环境规制等领域的研究受到广泛应用，并拓展为非线性回归或者多门槛回归（郭丽丽和李勇,2014；韩玉军和陆旸,2008；沈能,2012等）。本节根据汉森（Hansen）等的研究，构建如下基本门槛模型：

$$Profit_{it}=\mu_0+\mu_1 x_{it}I(q\leqslant\gamma)+\mu_2 x_{it}I(q>\gamma)+\sum_{j=1}^{n}\beta_j Control_{jt}+\varepsilon_i \tag{6-4}$$

式（6-4）中，μ_0为消除不可观测因素的固定系数，x_{it}为国有化变量，q为门槛变量，即双重外部性，I为门槛变量的指示函数，$Control_{jt}$为包括进出口在内的其他解释变量，μ_0、μ_1、μ_2、β_j和门槛值γ分别为需要估计的参数，ε_i为误差项。多门槛分析与单一门槛分析的原理类似，首先需要确定是否存在门槛及门槛的数量。

6.3.1 门槛变量1——代际外部性

6.3.1.1 代际门槛值的检验和确定

由于本书时间序列较短，双重外部性数据的F统计量是非标准的卡方分布，因此使用自举法（Bootstrap）进行模拟，用模拟似然比的LR统计量构造经验P值，进而分别对不存在门槛、存在一个门槛、存在两个门槛和存在三个门槛进行假设检验。结果见表6-7。

检验结果显示，单一门槛、双重门槛和三重门槛均在5%的显著性水平下显著。由于第三个门槛值16.764位于双重门槛模型的两个门槛值14.526和18.444之间，因此双重门槛模型便可有效描述模型的结构变化，而且考虑到双重门槛比三重门槛会少降低一个自由度的损失，因此最终选取双重门槛模型。

表6-7 代际外部性门槛值的显著性检验

模型	门槛估计值	*F*值	*P*值
单一门槛	14.526	61.012**	0.027

续表

模型	门槛估计值	**F**值	**P**值
双重门槛	18.444	17.597**	0.04
三重门槛	16.764	10.400**	0.05

注：* 为0.1显著性水平；** 为0.05显著性水平；*** 为0.01显著性水平。

6.3.1.2 代际外部性门槛的估计值和强度区间

门槛参数的估计值是LR等于零时γ的取值，各个门槛估计值95%的置信区间是所有LR值都小于5%的显著性水平（对应图6-9和图6-10中的虚线）所构成的区间。代际外部性门槛的估计值所对应的置信区间见表6-8。

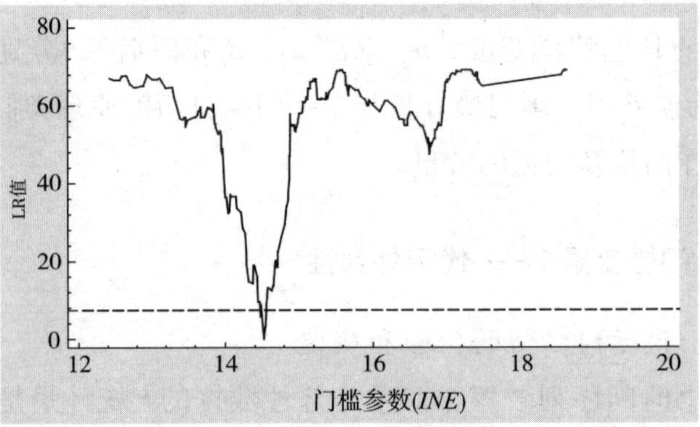

图6-9 代际外部性第一个门槛的估计值及其置信区间

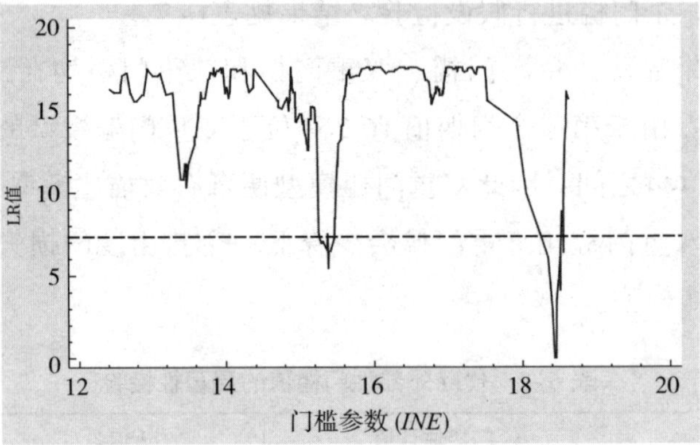

图6-10 代际外部性第二个门槛的估计值及其置信区间

表 6–8　门槛估计值（1）

	门槛估计值	95% 置信区间
门槛值γ_1	14.526	[14.479，14.545]
门槛值γ_2	18.444	[15.266，18.554]

由此可以将代际外部性分为三个强度，如表6–9所示。

表 6–9　代际外部性强度区间

强度划分	区间	对应年份		
		煤炭	黑色金属	有色金属
低等代际外部性	ln（*INE*）<14.526	—	1999—2004	1999—2003
中等代际外部性	14.526< ln（*INE*）<18.444	1999—2011	2004—2015	2003—2015
高等代际外部性	ln（*INE*）>18.444	2011—2015	—	—

注：—表明无此数据。

可以发现，随着时间的推移，中国资源型产业的代际外部性呈现明显的上升趋势，尤其在2011年以后，煤炭代际外部性居高不下，这正好与2011年国际煤炭价格开始下跌的时间不谋而合。黑色金属和有色金属产业的代际外部性也在2003—2004年之后均开始上升，达到中等代际外部性级别。

6.3.1.3　代际外部性的双重门槛模型

由代际外部性的三个区间，相应产生三个国有收入占比和低、中、高代际外部性的交叉项*Public_1*、*Public_2*、*Public_3*。表6–10反映了双重门槛模型的回归结果。研究三个交叉项系数的变化可以发现随着代际外部性的提高，国有化对利润率的影响类似于倒“U”形的非线性特性。将代际外部性作为门槛变量并与国有化水平交叉考虑后，国有企业收入占全部收入占比对绩效的影响为先上升后下降。具体而言，当代际外部性由较低向较高跨越第一个门槛时，国有化程度的弹性系数从–0.252变为–0.142，上升0.11，说明2003年以后，中国资源型产业的国有化程度上升对产业绩效的负面影响显著减弱。当代际外部性继续上升时，国有化程度的提高加大了对产业绩效的负面影响，这一结果正好与第5章企业层面的面板交叉项分析结果相一致。

表 6–10　代际外部性双重门槛模型

Profit	系数值	标准差	*t*统计量	*P*>|*t*|
Import	0.103	0.0204	5.0600	0.0000
Export	–0.007	0.0190	–0.3600	0.7210
Capital	–0.299	0.0353	–8.4700	0.0000
Elec	0.052	0.0213	2.4500	0.0150
Public_1	–0.252***	0.0790	–3.1900	0.0020
Public_2	–0.142*	0.0809	–1.7600	0.0790
Public_3	–0.228***	0.0801	–2.8400	0.0050
_cons	9.242	0.8186	11.2900	0.0000

注：* 为 0.1 显著性水平；** 为 0.05 显著性水平；*** 为 0.01 显著性水平。

6.3.2　门槛变量 2——环境外部性

6.3.2.1　环境门槛值的检验和确定

与代际外部性类似，使用自举法对环境外部性变量进行模拟，并构造经验*P*值，分别对不存在门槛、存在一个门槛、存在两个门槛和存在三个门槛进行假设检验，结果如表 6–11 所示。

表 6–11　环境外部性门槛值的显著性检验

模型	门槛估计值	*F*值	*P*值
单一门槛	10.407	23.156	0.127
双重门槛	13.88	28.373***	0.000
三重门槛	16.58	16.353	0.123

注：* 为 0.1 显著性水平；** 为 0.05 显著性水平；*** 为 0.01 显著性水平。

检验结果显示，只有双重门槛在 1% 的显著性水平下显著，单一门槛和三重门槛均不显著，因此最后选用双重门槛模型。

6.3.2.2　环境外部性门槛的估计值和强度区间

环境外部性门槛参数各个估计值的 95% 的置信区间也是满足所有 LR

值都小于5%的显著性水平下（对应图6-11和图6-12中的虚线）构成的区间，每个门槛的估计值与置信区间见表6-12。同样地，双重门槛将环境外部性分为三个强度，如表6-13所示。

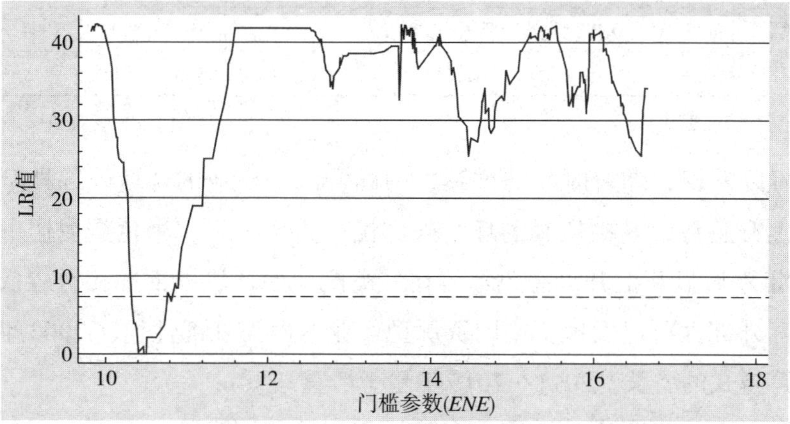

图6-11　环境外部性第一个门槛的估计值及其置信区间

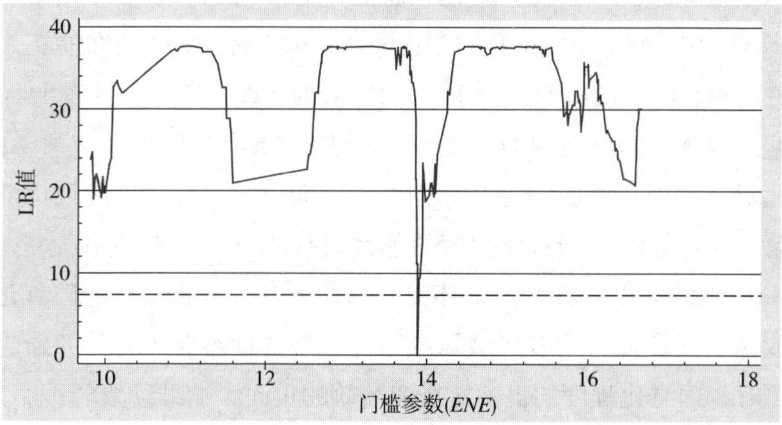

图6-12　环境外部性第二个门槛的估计值及其置信区间

表6-12　门槛估计值（2）

	门槛估计值	95%置信区间
门槛值γ_1	10.488	[10.322，10.813]
门槛值γ_2	13.88	[13.880，13.888]

表 6-13 环境外部性强度区间

强度划分	区间	对应年份		
		煤炭	黑色金属	有色金属
低等环境外部性	ln（*ENE*）<10.488	—	—	1999—2004
中等环境外部性	10.488< ln（*ENE*）<13.88	—	1999—2003	2004—2015
高等环境外部性	ln（*ENE*）>13.88	1999—2015	2003—2015	—

注：—表明无此数据。

可以发现，随着时间的推移，中国资源型产业的环境外部性呈现明显的上升趋势，其中煤炭的环境外部性一直比较高；黑色金属居中，在2003年之后显著上升；有色金属在三类产业中环境外部性相对较低。结合代际外部性可以发现，中国资源型产业的两类外部性均在2003年前后呈现跨越式的增长，2011—2015年趋于严重。

6.3.2.3 环境外部性的双重门槛模型

与代际外部性类似，由环境外部性的三个区间，相应产生三个国有收入占比和低、中、高环境外部性的交叉项*Public_4*、*Public_5*、*Public_6*；由三个交叉项系数的变化发现，随着环境外部性的提高，国有收入占比对利润率的影响类似于正“J”形的非线性特性（见表6-14）。

可以发现，环境外部性作为门槛变量，与国有化水平交叉考虑后，国有化对绩效的负面影响逐渐减少。具体而言，当环境外部性由低向高跨越第一个门槛时，国有化程度的弹性系数从-0.345变为-0.265，上升0.08，说明2004年以后，由于环境外部性上升，有色金属的国有化程度对产业绩效的负面影响有所减弱。当环境外部性继续上升，并跨越第二个门槛时，国有化程度的提高对企业绩效的负面影响继续减弱。

表 6-14 环境外部性双重门槛模型

Profit	系数值	标准差	*t*统计量	*P*>|*t*|
Import	0.084	0.0206	4.0700	0.0000
Export	0.058	0.0161	3.5900	0.0000
Capital	-0.337	0.0356	-9.4700	0.0000
Elec	0.054	0.0221	2.4700	0.0140

续表

Profit	系数值	标准差	*t*统计量	P>|t|
Public_4	–0.345***	0.0835	–4.1300	0.0000
Public_5	–0.265***	0.0825	–3.2100	0.0010
Public_6	–0.170*	0.0879	–1.9400	0.0540
_cons	9.945	0.8308	11.9700	0.0000

注：* 为0.1显著性水平；** 为0.05显著性水平；*** 为0.01显著性水平。

综上所述，通过分别设定双重外部性作为门槛变量，可以发现国有化水平对企业绩效的影响并非为单纯的线性递增关系或线性递减关系。随着代际外部性的上升，国有化带来的效率损失先减少后上升；随着环境外部性的上升，国有化带来的效率损失持续下降。这一实证结果解释了6.2节协整分析中，国有化在不同资源型产业类别中效果不同的原因，同时佐证了第4章、第5章的理论模型，为后续的政策建议提供了更翔实的基础。

6.3.3 门槛模型的结果讨论

本节详细研究了开放经济背景下，国有化作为一种间接进入规制是否能够解决中国资源型产业的双重负外部性和对绩效的影响问题，主要结论有如下三点。

（1）国有化可以显著减少中国资源型产业的双重外部性。

开放经济背景下，考虑到资源进口、出口对于本国的影响，国有化水平的提高会分别显著减少煤炭产业、黑色金属产业、有色金属产业的代际外部性，以及减少黑色金属产业和有色金属产业的环境外部性。相较而言，目前中国资源型产业的进出口主要对黑色金属产业的双重外部性具有显著作用，在其他两类产业中的效果不明显。与国有化的效果相反，目前中国资源型产业的规模扩大，均显著增加了三类资源的代际外部性及黑色金属产业、有色金属产业的环境外部性，说明目前中国的大规模可耗竭资源企业还有很大提升效率的空间。

需要关注的是，煤炭产业环境外部性的实证结果与另外两类资源不同，其特殊性在于国有化对煤炭产业的环境外部性没有显著影响，而资产规模的扩大能够显著减少其环境外部性产生，这与另外两种资源正好相反。究其原因，很可能是因为随着煤炭产业资产规模的扩大，规模经济性显现，同时近年来增加的资产主要用于环保相关的技术和设备投入，而另外两类资源的开采并未出现明显的规模经济。尤其是有色金属产业，资产规模越大的企业，其双重外部性反而越高。

（2）随着代际外部性的提高，国有化对资源型产业绩效的负面影响先下降后上升。

模型中，在较低和较高的代际外部性水平下，国有化作为间接进入规制对资源绩效的负面影响较大，而代际外部性居中时，国有化的效率损失较少。目前煤炭、黑色和有色金属三类产业中，间接进入规制效果较好的产业是黑色金属产业和有色金属产业。由此说明，当代际外部性过高时，单纯依赖国有化作为政府间接规制已经不足以解决双重外部性问题，还需补充其他更强有力的规制手段。

（3）随着环境外部性的提高，国有化对资源型产业绩效的负面影响持续下降。

门槛分析的结果显示，国有化可以在显著降低环境外部性的同时，将由国有化造成的效率损失控制在较小的范围。因此，当环境外部性居高不下时，用国有化的方式加强政府规制的力度是较优的选择。目前三类产业中，对环境外部性的间接进入规制效果最好的产业是煤炭产业。

综上所述，在充分考虑了开放经济环境下不同外部性程度的影响后，国有股权表现出明显的间接进入规制作用。无论是煤炭资源型产业，还是黑色金属产业和有色金属产业，在双重外部性达到一定程度时，国有股权不仅可以体现国有资产的保值增值等方面的经济职能，更重要的是，国有股权的间接进入规制职能起到了减少双重外部性、规范可耗竭资源型产业市场的作用。

第7章

案例研究：中国稀土产业的间接进入规制与绩效研究

前述分析均围绕煤炭、黑色金属、有色金属三大产业展开，本章聚焦可耗竭资源中一类相对较为特殊、同时对新兴工业和高新科技产业至关重要的资源——稀土，作为典型产业案例进行深入分析。随着经济全球化的深入发展，在对外开放的过程中，稀土领域的国际交流合作日益增多，带来发展机遇的同时也面临更多的贸易摩擦和挑战。新形势下，中国稀土产业的发展需要进一步深入探究，研究稀土企业的间接进入规制问题更加具有典型性。

7.1 稀土产业现状分析

稀土，是指在化学元素周期表中的镧系元素，包括镧（La）、铈(Ce)、镨(Pr)、钕(Nd)、钷(Pm)、钐(Sm)、铕(Eu)、钆(Gd)、铽(Tb)、镝(Dy)、钬(Ho)、铒(Er)、铥(Tm)、镱(Yb)、镥(Lu)，加上与其同族的钪(Sc)和钇(Y)，共17种元素的总称。按元素原子量及其化学性质，稀土分为轻稀土元素、中重稀土元素两大类。在上述17种元素中，前5种元素为轻稀土，其余为中重稀土。稀土是不可再生的重要自然资源，且应用广泛，如电子、石油化工、冶金、机械、能源、轻工、环境保护、农业等多个领域都有所涉及。在目前技术条件下，稀土已经可用于荧光材料、电池材料、电光源材料、永磁材料、储氢材料、催化材料、精密陶瓷材料、激光材料、超导材料、磁致伸缩材料、磁致冷材料、磁光存储材料、光导纤维材料等多领域的新材料研发中。从各类终端产品来看，手机、电脑、混合能源动力汽车、巡航导弹等几乎所有现代化设备都需要使用稀土元素，因此，稀土在现代经济社会发展中起到非常关键的作用，有“工业维生素”的美誉。

截至2017年底，世界稀土（氧化物）总储量约为12000万吨，中国、巴西、俄罗斯、印度、澳大利亚等国均是全球稀土资源较为丰富的国家，详细数据见表7-1。

表7-1　2017年世界主要稀土国家储量及储产比　单位：千吨稀土氧化物当量

国别	储量	2017年底占比	储产比
中国	44000	36.70%	419
巴西	22000	18.30%	11000
俄罗斯	18000	15.00%	5485
印度	6900	5.80%	7218
澳大利亚	3400	2.80%	197
美国	1400	1.20%	*
马来西亚	30	—	100
世界总计	120000	100.00%	920

数据来源：2018年BP世界能源统计年鉴。

注：—表示低于0.05，*表示数据不详。

从产量来看，同样作为稀土资源大国，中国稀土的开采程度却远超其他国家。近10年来，全球稀土资源的年均产量较为平稳，约为12万～13万吨（见表7-2），其中中国贡献了全世界稀土产量总和的90%以上。

表7-2　2007—2017年世界稀土金属产量　单位：千吨稀土氧化物当量

国别	2007年	2008年	2009年	2010年	2011年	2012年	2013年	2014年	2015年	2016年	2017年
中国	120.0	125.0	129	89.2	93.8	93.8	93.8	105.0	105.0	105.0	105.0
巴西	0.6	0.5	0.2	0.1	0.1	1.6	0.3	—	0.9	2.2	2.0
俄罗斯	2.7	2.5	1.9	1.5	1.4	2.1	1.4	2.1	2.3	3.1	3.3
印度	—	—	—	—	—	—	0.3	1.7	1.0	1.0	1.0
澳大利亚	—	—	—	—	2.2	3.2	1.3	6.2	11.9	13.9	17.3
美国	—	—	—	—	—	3	5.5	5.4	5.9	—	—

续表

国别	2007年	2008年	2009年	2010年	2011年	2012年	2013年	2014年	2015年	2016年	2017年
马来西亚	0.4	0.1	—	0.4	0.4	0.1	0.2	0.2	0.3	0.3	0.3
世界总计	123.8	128.1	135.1	97.0	101.3	104.2	103.0	122.6	128.3	127.2	130.5

数据来源：2018年BP世界能源统计年鉴。
注：—表示数值低于0.05。

表7–2还反映了同样作为稀土资源大国的巴西、俄罗斯等国，每年的开采量远不足1万吨，印度、澳大利亚、美国等国家甚至很多年都几乎没有稀土资源的开采。可能的原因在于，中国稀土的大量供应已经支撑了几乎全球稀土中下游产业的发展，仅中国的开采总量已经能够满足全球对稀土资源的需求。以轻稀土化合物钕铁硼为例，中国目前有200余家钕铁硼的精加工企业，总产量约占全球的80%以上，该资源是生产永磁材料的核心成分，目前技术条件下尚未找到可以替代的其他材料，其主要应用在智能手机、航空航天、新能源汽车等高新科技领域，很多高精度的导弹能够实现精准拦截，正是因为钕铁硼在制导系统中起到了至关重要的作用。

中华人民共和国成立以来，中国的工业产业在各个领域均取得了巨大的进步，这也助推了各类资源的开采量都大幅上升。然而稀土与煤炭、石油等资源不同，稀土在工业领域的应用在于“精”，在于“专”，而不在于“泛”。大量稀土金属被开采后，实际使用量其实非常有限，剩余的资源则被部分企业或少数国家囤积起来。当代的过度开采，更是直接导致了过度供给、恶性竞争，引发稀土价格下降。

更严重的一点在于中国高达90%的供给占比处于绝对的卖方垄断地位，却并未表现出可能的垄断优势和市场势力。开采稀土的企业缺乏深度冶炼的技术，为了尽快将稀土出售回笼资金，不惜采用低价倾销的方式，将大量的稀土粗矿输送出国。由此出现其他国家原本可以开采本国稀土资源的企业，在进行价格比较后，发现进口中国的稀土资源更便宜。自20世纪90年代开始，中国大量、低价地出口稀土，在一定程度上直接倒逼了国外很多稀土开采企业的关闭和停产，转而做稀土贸易和深加工。

中国稀土产业原本可以在国际市场上拥有垄断势力，但是出口的稀土价格过低，使中国宝贵的稀土资源出现定价权的缺失（宋文飞、李国平和韩先锋，2011）。从源头上来说，这与过度开采和无序开采关联密切。因此，中国稀土资源的合理开采和配置是一个需要尽快解决的难题。

7.2 稀土开采的双重外部性分析

作为重要的战略性资源，稀土资源的发展水平及深加工程度直接反映了一国的工业科技水平。尽管中国已形成以内蒙古包头、四川凉山以及江西赣州为代表的中重稀土三大生产基地，拥有相对完整的采选、冶炼、分离技术以及应用工业体系，但是在技术专利、高端市场的应用及开采的环境成本控制等方面均存在不同程度的不足，本节围绕稀土资源的双重外部性问题进行深入探讨。

7.2.1 稀土资源的过度进入与代际损失

经过多年发展，中国稀土产业的开采、冶炼分离和应用均取得较大进步，产业规模也不断扩大，然而，部分稀土行业仍存在非法开采屡禁不止、冶炼分离产能过剩、高端应用研发相对滞后等问题。

从储量的空间分布来看，稀土资源的地理分布呈现“北轻南重”，即轻稀土主要分布在内蒙古及四川；中重稀土分布在江西、湖南和福建等南方省市。北方轻稀土企业以包钢稀土（对应上市公司于2018年更名为北方稀土）为代表，产业集中度较高，拥有从科研、选矿、冶炼、分离、深加工到应用的完整产业链条，是中国也是世界上最大的稀土产业基地。南方中重稀土与北方地区相比，稀土矿大多位于山区，矿区相对分散，矿点众多，因此，南方中重稀土采矿企业规模普遍较小，监管成本高且难度大，非法开采问题较为严重。

据统计[①]，2011年中国轻稀土矿山企业数20家，年产矿量为792.24万

① 数据来源：根据《2012年中国矿业统计年鉴》整理。

吨；重稀土矿山企业数90家，2011年产量为919.83万吨。对比企业数量和产量可以看出，南方中重稀土企业的平均规模明显较低，加之90家矿山企业中，有74家为小型企业，因此市场集中度也偏低，很多企业难以达到有效规模水平。近几年，政府主导的稀土企业兼并重组均主要集中在南方中重型稀土矿区。

中国稀土资源已历经半个多世纪的超强度开采，其保有储量及剩余开采的保有年限不断下降（见图7-1）。无论是内蒙古还是江西、四川，很多矿山的稀土资源面临枯竭，主要矿区资源加速衰减。从回采率来看，稀土资源整体的资源回收率较低。据统计，2013年南方中重离子型稀土资源开采回收率不到50%[①]。由此说明，尽管中国是世界上的稀土储量大国之一，但是长期过度进入导致资源的严重流失，引发了严重的资源浪费和代际使用的不公平等问题。

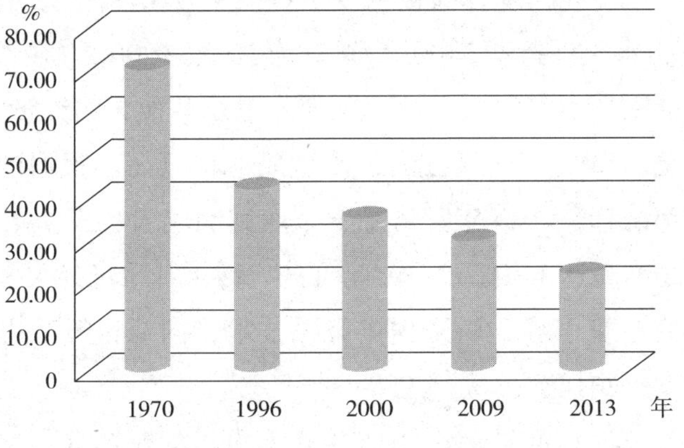

图7-1　1970—2013年中国稀土资源占世界总储量的比例变化

数据来源：根据商务部网站和自然资源部（原国土资源部）网站公布数据整理获得。

7.2.2　稀土开采的环境外部性

由于中国工业产业起步较晚，因此稀土的开采技术和精加工技术都相对落后。在这几十年近乎粗放式的开采中，很多地区的生态环境都遭

① 数据来源：根据《中国的稀土状况与政策》白皮书公布数据整理。

到严重破坏，出现水土流失和土壤污染、酸化，使附近农作物减产甚至绝收。

早期开采时，南方离子型重稀土主要使用落后的堆浸、池浸工艺，这种方法使得每生产1吨稀土氧化物会产生约2000吨酸性尾砂[①]；现在大部分企业改用较低污染的原地浸矿工艺，但仍然会伴随产生大量的氨氮和重金属等污染物，造成植被的严重破坏以及地下水和农田的污染。北方轻型离子矿多为伴生，在分离过程中，同样会产生大量的有害气体、废水和放射性废渣等污染物。可见无论是轻型稀土矿还是中重型稀土矿，粗放式的开采都会造成生态环境的严重破坏，同时严重威胁到矿区及周边地区居民的健康和生命财产安全。

叶仁荪和吴一丁（2014）估算了企业目前采用较多、环境成本相对较低的原地池浸工艺的环境污染成本和治理费用，发现生产单位稀土的排污费约1330元/吨，森林植被恢复费约13130元/吨，土壤污染治理费14100元/吨，水土保持费2400元/吨，合计约31000元/吨。上述费用的计算还不包括采掘引发的次生地质灾害隐患及其他无法计量的环境损失。如果是其他更为落后的开采方法，环境成本将更高。根据国家工信部和原国土资源部统计，2011年某省稀土企业利润仅为64亿元，但是矿山环境恢复治理成本高达380亿元。由此可见，稀土开采已经欠下巨大环境债务，急需政府政策引导，引进先进开采技术，向绿色开采方向发展（刘高常和谭吉玉，2014）。

中国海关统计数据显示，2015年稀土出口配额放开之后出口总量明显上升，仅2015年上半年某省出口的稀土就达2663.8吨，均价为32000元/吨，出口量同比增长36.5%，但价格同比下跌34.7%。可以发现，如果加上生产成本和环境成本，目前的稀土出口是绝对的“亏本生意”[②]。

既然原有的稀土配额制度“行不通”，目前中国稀土资源的代际外部性和环境外部性问题又非常严重，因此寻找有效的政府治理途径非常

① 池汝安，田君. 风化壳淋积型稀土矿化工冶金［M］. 北京：科学出版社，2006: 6-37.

② 资料来源：中国海关总署网站(http://www.customs.gov.cn/customs/302249/302274/302277/index.html)公开数据。

重要。下面首先梳理中国稀土资源相关的政策，分析其衍变脉络和发展脉络。

7.3 中国稀土产业的进入规制及相关政策

7.3.1 稀土规制政策及评述

1986年，《中华人民共和国矿产资源法》首次颁布，该法明确对国家规划矿区、对国民经济具有重要价值的矿区以及国家实行保护性开采的特定矿种施行有计划的开采。1996年曾修正，后沿用至今，该法案主要将稀土纳入有色金属统一规划管理，但没有特别对稀土矿的开采予以说明。1991年，离子型稀土矿首次被列为国家实行保护性开采的矿种，从开采、选冶、加工到市场销售、出口等各个环节实行有计划的统一管理。随着改革开放的迈进和深入，统一管理的实际效果并未显现，之后很长一段时间内，也没有补充对稀土开采明确的总量控制，因此在20世纪90年代，全国各地（尤其是南方离子型稀土）集中爆发出大量的小微稀土企业，出现严重的无序开采。

2006年，中国开始实施严格的稀土开采总量控制管理，开采配额由原国土资源部在每年第一季度向各省（区、市）国土资源部门下达，目前具体指标覆盖内蒙古、四川、江西、山东、福建、湖南、广东、广西、云南等省区，并逐级分解下达到矿山企业。

2008年国家发布《全国矿产资源规划（2008—2015年）》，明确对稀土等稀有矿种实行规划调控、限制开采、严格准入和综合利用，并在2009年回收了地方稀土采矿权的审批权和登记权。截至2012年底，中国稀土矿勘查许可证11个，其中重稀土4个，轻稀土7个，两种矿的每年探矿权使用费[①]分别为4.15万元和3.04万元。从2012年公布的数据来看，

① 根据1999年《探矿权采矿权使用费和价款管理办法》，探矿权和采矿权的使用费以勘查年度计算。其中，探矿权使用费按区块面积逐年缴纳，第一个勘查年度至第三个勘查年度，每平方千米每年缴纳100元，从第四个勘查年度起每平方千米每年增加100元，最高不超过每平方千米每年500元。采矿权使用费按照矿区范围的面积逐年缴纳，标准为每平方千米每年1000元。

稀土开采许可证112个，重、轻稀土的采矿权使用费分别为3.45万元和9.50万元，有效生产规模分别为211.7万元和691.52万元[①]。2012年至今，中国一直实施严格的稀土矿业权管理，原则上暂停受理新的稀土勘查、开采登记申请，同时禁止现有开采矿山扩大产能。

2011年，原国土资源部印发《矿产资源节约与综合利用“十二五”规划》，其中明确指出“以大中型矿山为主体，稀有金属等重要矿产的开采回采率要保持在85%以上”。另外，以江西离子型重稀土矿区为核心，设立了首批11个稀土矿国家规划矿区[②]。另外，国家发展和改革委员会公布《国务院关于促进稀土行业持续健康发展的若干意见》，明确指出要“建立健全行业监管，严格准入管理，提高稀土出口企业资质门槛”。2011年，国家还大幅提高了稀土的资源税标准，即在原有0.4元/吨～2元/吨的基础上，调整为轻稀土60元/吨，中重稀土30元/吨，增长幅度为原来的15～30倍。

通过梳理上述稀土政策可以看出，2008年之后中国对稀土资源的管制开始真正意义上起效，并且之后开始逐渐强化和规范。总结而言，核心的管制主要有三点：第一，严格控制采矿许可证；第二，有开采许可证的，严格控制开采总量；第三，大幅提高稀土冶炼企业的税收标准。

可以看出，稀土产业的规制已经结合了准入、产量规制和税收规制三大类，与其他产业相比已经非常严格，但是目前稀土的流失和环境污染仍然比较严重。这三类规制在一定程度上遏制稀土资源耗竭的同时，也存在诸多问题。例如，从稀土产量配额制度实施的效果来看，一方面产量限制的确减少了稀土的总开采量，另一方面也容易出现供需不平衡的情况。如果配额限定得不合理，则会出现供给不足，很容易倒逼下游

---

① 《中国矿业年鉴》编辑部. 2012中国矿业年鉴［M］. 北京：地震出版社，2013: 424-438.

② 资料来源：人民网，http://invest.people.com.cn/GB/13787239.html. 首批稀土国家规划矿区分别为：龙南重稀土规划矿区（1）、龙南重稀土规划矿区（2）、寻乌轻稀土规划矿区、定南中稀土规划矿区、赣县（北）中稀土规划矿区、赣县（中）重稀土规划矿区、赣县（南）中稀土规划矿区、安远中重稀土规划矿区、信丰（北）中稀土规划矿区、信丰（南）中重稀土规划矿区、全南中稀土规划矿区。

企业转向其他非正规市场购买稀土，“黑矿”[①]由此产生，过度开采和环境污染也会因此加剧。2013年，中国某省的稀土生产配额指标仅不足4000吨，无法满足中下游企业对于稀土的需求，很多“吃不饱”的稀土分离企业大量使用“黑矿”来“充饥”，使得当地“黑矿”猖獗，偷税问题严重，资源浪费巨大。

综上所述，目前一系列的稀土资源政策在一定程度上控制了稀土资源的无序开采，但是由于信息的缺乏，以及中央政府、地方政府之间的利益目标有所区别，稀土规制的效果容易打折扣。因此，本书提出的基于市场原则的政府间接进入规制可以尝试作为目前已有规制政策的补充。

7.3.2 开放经济下稀土的进出口配额及非法走私

自20世纪80年代起，中国不断加大对稀土资源的开采，大量廉价的稀土资源流向国际市场，价格极低，很多国外的稀土企业逐渐停产，矿山封存，因为从市场价格角度而言，全球几乎没有其他国家可以和中国出口的稀土价格相抗衡。1998年，中国开始实施出口配额限制制度，这是基于当时的经济和环境背景提出的。因为20世纪90年代末，中国的稀土企业数量非常多，低进入门槛使得大量小规模的稀土企业相互压价，稀土被大量贱卖出口。由于技术水平相对落后，只有个别企业能对稀土进行精加工和利用，因此大量的稀土粗矿被出口到日本、美国、欧洲和澳大利亚等国家和地区，快速占据了整个国际市场，同时带来国内稀土开采行业的混乱和无序发展。

2001年中国加入WTO后开始逐步履行开放各类贸易的承诺。由于稀土的战略作用显著，尽管其他产业逐渐放开国际市场，但是稀土产业的出口配额一直存在，因此在2012年3月13日，美国、日本、欧洲等国家和地区将中国稀土相关产品的出口关税、配额及分配措施诉诸WTO争端解决机制。2014年，WTO最终裁定中国实行的稀土出口管理制度不符合相关规则。败诉之后，商务部印发了《2015年出口许可证管理货物目

---

① 黑矿指没有取得开采权的非法企业开采的矿产资源，此处特指非法开采的稀土资源。

录》，明确稀土出口执行出口许可证管理，同时正式取消实施16年的稀土出口配额制度。2015年，国家正式取消稀土出口配额管理，企业只需拿出口合同即可申领出口，无须再提供批文。一同取消出口配额管理制的还有矾土、焦炭、钨及钨制品、碳化硅、锰、钼和氟石。这一措施既是应对WTO裁决的结果，也是为了构建更加开放的市场经济体系。

可见在开放经济下，资源规制政策的实施需要更多地考虑国际贸易背景，直接的出口配额和产量配额都可能引发国际贸易争端。

近年来，中国稀土产业逐渐开始进行双边贸易，与此同时，美国等稀土储量大国开始重启本国稀土的开采，不再仅依赖中国的稀土出口。从表7-3的数据来看，日本是中国稀土最大的贸易伙伴，各类稀土的净出口规模很大，其中稀土混合物和化合物的出口占比较大，仅2011年对日净出口就达8644吨（稀土金属混合物2392吨，稀土化合物6252吨）。从中国海关的统计数据来看，2014年中国出口稀土总量为2.8万吨，同比增加27.3%，日本仍为中国稀土出口的第一大市场，占42.9%，美国位居第二，占32.1%。

表7-3 2011年中国稀土矿产品进出口情况

种类	出口		进口	
	前三名国家及地区	数量（吨）	前三名国家及地区	数量（吨）
稀土原矿	—	—	泰国	4249
	—	—	马来西亚	451
	—	—	吉尔吉斯斯坦	31
稀土金属混合物	日本	2392	日本	2
	德国	56	—	—
	荷兰	24	—	—
稀土化合物	日本	6252	法国	647
	美国	2368	吉尔吉斯斯坦	224
	法国	1748	日本	59
合计	15986		6597	

数据来源：《中国矿业年鉴》编辑部. 2012年中国矿业统计年鉴［M］. 北京：地震出版社，2013.

注：—表示数据缺失。

实际上，在稀土出口配额制度取消之前，稀土的出口配额甚至出现过闲置的情况。中国海关的数据显示，2014年前11个月，中国稀土出口量仅为24866吨，低于配额规定的30611吨。之所以出现出口配额闲置，可能的原因有二：一是国外对中国需求市场开始缩小，澳大利亚、印度等国在2011年开始逐渐重启本国的稀土生产。二是国内可能仍有一定比例的稀土走私。例如，日本大量进口中国稀土，不仅是从官方渠道，还会接手很多走私渠道的稀土资源，部分地区的稀土黑矿在简单粗加工成稀土氧化物之后会直接走私到日本。这个通过比较2011年中国海关数据和国际海关数据就可以发现，因为国际海关统计的中国出口稀土比国内统计值高出120%[①]，可见稀土黑市的流通量非常之大。与正规的稀土开采相比，这种非法走私也是造成中国稀土资源流失和储量迅速降低的重要原因之一。

可以看出，尽管国家不断加大对黑矿的打击力度，也一直在实施产量配额，但是因为供需的不平衡，仍然有一大部分稀土资源通过非法途径流向海外。

我国对外开放政策要求坚持长期实行对外开放，在平等互利的基础上不断扩大和发展同各国的经济、贸易、技术交流与合作。在稀土资源领域，完善相关法律法规和规制改革迫在眉睫，规制者需要同时兼顾国际和国内两个市场，一方面保证国际市场的稀土供应，不断促进公平贸易及合作，另一方面又要保护国内的生态环境与资源。这是目前中国稀土资源治理的难点之一。

7.4 稀土企业的国有股权结构研究

目前，整个稀土产业的生产结构呈现严重的不平衡，其中初级的冶炼分离产业出现产能严重过剩，但高端产品的研发和深度制造则非常匮乏，具有核心竞争力的大型高端企业较少。2014年，国家工业和信息化

① 数据来源：根据BP世界能源统计年鉴和中国海关总局网站整理获得。

部会同有关部门在北京召开组建大型稀土企业集团专题会议，传达国务院稀土专题会议精神，明确支持包钢（集团）公司、中国五矿、中铝公司、广东稀土、赣州稀土和厦门钨业6家企业牵头，进一步推进稀土行业的兼并重组，组建大型稀土企业集团，其主要目的在于改变行业混乱的市场状态，这是稀土行业推进资源整合的重要开端[①]。

然而，国内目前稀土行业的市场集中度仍然较低、生产企业散乱，黑矿和偷税漏税等问题严重，加之近年伴随着产能的扩张和过剩，稀土价格一直徘徊在低位。本节重点剖析稀土企业的股权和国有化现状，以便提出更富针对性的间接进入规制方案。

7.4.1　稀土行业上市公司的国有股权结构

与第4章、第5章、第6章分析类似，由于非上市公司数据难以获得，因此本节的分析仍以稀土产业的上市公司为主。

截至2015年10月，中国共有37家从事与稀土有关行业的上市公司，其中直接涉及稀土矿产开发及冶炼加工等中上游行业的上市公司主要有14家，包括五矿稀土（000831）、北矿磁材（600980）、中科三环（000970）、北方稀土（600111）、中色股份（000758）、正海磁材（300224）、天通股份（600330）、中钢天源（002057）、横店东磁（002056）、江粉磁材（002600）、太原刚玉（000795）、盛和资源（600392）、宁波韵升（600366）、广晟有色（600259）[②]。这些公司的主营业务主要涵盖了稀土产业的中上游开采与初加工领域，因此予以重点分析。

在上述14家上市公司中，按企业性质分类，国有控股企业9家，集体所有制企业2家，私有企业3家。需要特别说明的是，2家集体所有制企业的国有股权参股比例为0，暂时不会受到国有股权间接进入规制的影响。表7-4列举了14家上市的稀土中上游企业的国有控股比例及具体涉及的稀土资源业务。可以看出，稀土企业国有控股比例最高的企业为广

① 资料来源：人民网，http://politics.people.com.cn/n/2014/0109/c70731-24072082.html.

② 括号内为上市公司的股票代码，部分公司的上市名称与企业存在较大区别，为后文分析统一和简便，都依据上市公司名称命名。

晟有色，国有控股比例为44.31%，最低的中科三环，其国有控股比例为15.64%。与煤炭等其他资源型产业不同，这些上市公司受到国家的产量监管，要严格执行低于产量配额的要求，不能随意扩大产能，一旦超出，将受到次年相应减少配额的惩罚。在这种强产量限额的规制下，国有化作为间接进入规制的作用很可能会发生变化，这是本书后续分析的重点。

表 7–4　14 家稀土中上游上市公司股权及业务简况

排名	公司名称	国有控股比例	所涉稀土行业业务
1	广晟有色	44.31%	生产、销售稀土产品、稀土氧化物、稀土金属，稀土冶炼分离
2	北矿磁材	40.00%	从事磁性材料和磁器件的研发、生产和销售
3	五矿稀土	34.25%	稀土分离产品的技术研发、生产和销售
4	中钢天源	34.22%	磁性材料、磁器件、磁分离及相关配套设备研发、生产与销售
5	中色股份	33.75%	稀土全部元素分离及部分分离产品的延伸加工生产
6	宁波韵升	32.69%	从事科技含量较高的钕铁硼产品的生产和销售
7	北方稀土	28.71%	稀土原料产品和稀土功能材料产品的销售
8	盛和资源	20.14%	稀土冶炼与分离及深加工
9	中科三环	15.64%	稀土永磁和新型磁性材料及其应用产品的研究开发、生产和销售
10	横店东磁	0	永磁铁氧体、其他磁性材料、稀土等产品的生产销售
11	太原刚玉	0	稀土永磁材料与制品
12	正海磁材	0	高性能钕铁硼永磁材料的研发、生产、销售和服务
13	江粉磁材	0	永磁铁氧体和软磁铁氧体的研发、生产和销售
14	天通股份	0	软磁铁氧体磁芯的生产和销售

数据来源：笔者根据Wind金融数据终端公布的公开数据自行整理得到。

进一步分析这些上市公司的经营状况和效益可以发现，2015年上半年，上述公司的平均成本费用利润率水平约为26.13%，其中规模最大的北方稀土（原名包钢稀土）的成本费用利润率并非最高，仅为36.80%。与2014年同期相比，除了中色股份与中钢天源两家企业外①，整体行业利润有所下滑，企业平均利润率下降约4%，宁波韵升利润率下降最多，超过14%。由此可见，出口配额的放开加之整体经济形势的相对疲软使整

① 此处排除这两家企业的原因在于，这两家企业中，稀土业务占全部营业收入的比重低于1%.

个稀土行业出现低迷，陷入发展困境①。

对比稀土业务收入比重与国有控股比例排名可以发现（见表7-5），稀土业务比重相对集中的企业，其国有股份也相对较多，而非国有企业的业务则相对分散。以2014年和2015年成本费用利润率均值最高的横店东磁为例，其主要产品除了稀土永磁氧体，还有软磁铁和太阳能电池片，而后两者的产量之和超过全部产出的75%。另一家利润率较高的私有企业为正海磁材，同样分析其业务比例可以发现，该企业75%以上的业务是高性能钕铁硼永磁材料的研发和生产，同时生产新能源汽车的电机驱动系统，且新能源汽车业务的毛利率超过了稀土永磁材料的毛利率。

表7-5 14家稀土公司业务经营情况

公司名称	国有控股比例排名	稀土业务营业收入比重（%）	2014年上半年报成本费用利润率（%）	2015年上半年报成本费用利润率（%）	2015年资本总额（万元）
北方稀土	5	100	45.73	36.80	1518250.09
五矿稀土	3	100	1.44	18.46	251032.42
北矿磁材	2	100	19.61	25.16	33486.37
中科三环	7	100	31.12	28.44	516984.14
盛和资源	6	100	41.07	14.50	227900.73
宁波韵升	4	96.54	51.30	36.78	437333.59
正海磁材	8	79.05	29.10	38.64	284710.17
太原刚玉	8	76.68	24.83	12.57	208306.29
广晟有色	1	66.94	17.58	11.36	390312.26
横店东磁	8	56.30	58.16	49.11	512950.35
天通股份	8	41.42	21.41	17.57	428336.28
江粉磁材	8	26.10	21.92	24.15	571892.61
中色股份	—	<1	—	—	—
中钢天源	—	<1	—	—	—

数据来源：笔者根据上市公司公开的年报数据整理获得。

由此看出，稀土产业的非国有企业很多都不仅仅做原矿的采掘和初加工，而是依托有限资源，逐步向稀土产业中下游领域延伸，并获得了

① 数据来源同表7-4.

较高的经济效益。与非国有企业相比，国有的稀土上市公司业务较为单一，如广晟有色除了经营稀土矿的开采外还有32.53%的业务是钨矿的开采，均属于资源的上游行业。因此，总体而言，国有企业的主营业务仍然集中在稀土采掘和初加工领域，向产业链中后段延伸较为有限。进一步地，国有企业中利润率水平最高的北方稀土公司主要依靠白云鄂博当地的稀土资源，在其全部产出中，稀土原料约占70%，稀土功能材料约为30%。从盈利水平来看，由于其开采成本的规模经济性较为显著，平均成本较低，因而同样获得了较高的利润水平。

因此，国有企业与非国有企业的利润来源不同，非国有企业是通过向下游产业链延伸，而国有企业则更多依赖成本的优势，这是目前两类企业经营稀土业务的主要区别所在。对于不同所有制的企业，其生产优势有所不同。国有企业大部分依托资源本身，如果存在规模经济效益，则容易获得高额利润，但同时受到的资源约束较强，一旦资源耗竭，则容易出现效益下滑；非国有企业业务众多，相对灵活，但资源有限，技术研发成本和不确定性较高。在稀土企业整合的过程中，如果能够结合国有企业和非国有企业的不同优势，弥补彼此的缺陷，对稀土产业的发展是更加有利的。

7.4.2 国有化水平与稀土企业绩效的方差分析

从上述分析可以发现，国有稀土企业产业链较短，业务较为集中，非国有企业产业链较长，业务较为分散，两者之间呈现不同的盈利模式，并没有表现出差异化的绩效水平。因此，为了进一步分析国有股权是否在稀土行业中起到进入规制的作用，本小节用更细致的方差分析法，根据国有股权占比是否大于0进行分组，检验2011—2014年，国有企业和非国有企业的成本费用利润率的差异性是否在统计意义上显著。

首先，本书用多维度指标分析国有企业和非国有企业的运营、绩效的差异，具体选取了成本费用利润率、投资回报率、非流动资产占比、全部资本投入和研发费用5个指标。从均值来看，国有企业的成本费用利润率、非流动资产占比及研发费用均高于非国有企业，但是资本投入和投资回报率较低。另外，非国有企业呈现明显的异质性，其成本费用利润率的最低值与最高值之间相差约300%，而国有企业的差额仅为约50%。从研发费用投入来看，国有企业的投入较为平均，每家约为5224万元，是非国有企业研发投入的约2倍；非国有企业的研发投入异质性明显，最小为0，最大超过2亿元。因此就稀土精加工及高端市场的开发而言，非国有企业的研发投入还高于国有企业（见表7–6）。

表7–6 稀土产业国有企业与非国有企业的部分指标对比

指标		均值	标准差	最小值	最大值
成本费用利润率（%）	1	8.06	10.90	–15.98	35.58
	0	7.27	30.45	–111.92	181.15
投资回报率（%）	1	3.04	5.09	–11.42	22.56
	0	3.33	9.73	–20.61	50.85
非流动资产占比（%）	1	40.62	15.77	14.69	66.01
	0	33.87	13.22	13.22	74.40
全部资本投入（百万元）	1	2279.96	952.49	770.62	3968.00
	0	3671.57	4201.13	225.61	14686.24
研发费用（百万元）	1	52.24	45.34	4.52	183.40
	0	28.85	55.26	0.09	254.65

注：1——国有企业，0——非国有企业。

进一步用企业性质作为方差因子进行分析，可以发现稀土的国有企业与非国有企业的差异主要体现在投资回报率、非流动资产占比、全部资本投入上，且非流动资产占比和全部资本投入的差异受到企业性质的影响。从非流动资产占比来看，国有企业的非流动资产占比较高，流动资产较低，因此从资产结构的角度来说，非国有企业更加灵活。另外，由于非国有企业的投资回报率更高，因此非国有企业的全部资本投入也显著高于国有企业（见表7–7）。

表7–7 国有企业和非国有企业的单因素方差分析

指标	方差齐性	*F*统计值	显著性检验	是否存在显著差异	是否受企业性质显著影响
成本费用利润率	0.031	0.059	0.808	否	否

续表

指标	方差齐性	F统计值	显著性检验	是否存在显著差异	是否受企业性质显著影响
投资回报率	0.002	0.068	0.795	是	否
非流动资产占比	0.002	12.127	0.001	是	是
全部资本投入	0.000	10.132	0.002	是	是
研发费用	0.855	5.225	0.024	否	否

注：显著性水平为0.01。

结合稀土产业的特性可以发现，更灵活、更丰富的资本投入有利于企业的创新和发展，这也是非国有企业更容易向多元化发展的原因之一。而国有企业的资本更多地投资在固定成本上，因此局限性较高，但如果资源本身丰富，也更加容易获得规模报酬。综上所述，从上述5个指标的差异性来看，主要差异体现在不同性质企业的资本投入结构上，并由此带来了效率的差异。国有企业的优势在于稳定性，包括利润率、成本等方面；而非国有企业的优势在于创新性和灵活性，包括容易延长产业链以获得更高的投资回报率等方面。

7.5 稀土产业的间接进入规制建议

从稀土产业的发展现状、外部性特征和国有股权份额可以发现，中国稀土资源型产业的双重外部性已经非常严重，而目前一系列的相关政策尽管在很大程度上遏制了稀土资源的无序开采，但是由于信息极度缺乏和不对称，以及中央政府、地方政府、企业之间的目标存在部分差异，稀土规制的效果容易打折扣。

从股权结构的角度来说，国有稀土企业的主营业务仍然集中在稀土采掘和初加工领域，向产业链中后段延伸较少，利润获取主要依靠地区的资源禀赋；而非国有稀土企业大都依托自身有限资源，逐步向稀土产业链的中下游领域延伸，并获得了较高的经济效益。

由此可见，稀土产业的国有化效果有其特殊性，增加或减少国有股权份额或国有企业收入占比都较难直接提高产业绩效或减少外部性，但是通过调整国有股权，可以改变企业的资本结构及战略目标。对此，提出以下两点建议。

7.5.1 根据战略目标调整国有股权份额

由于国有股权在国有企业的资本结构中较为稳定，一方面可以保护稀土作为国有重要资产不流失，另一方面可以维持一定的规模经济性，因此在企业发展初期，引入国有资本是有利于产业发展的。当发展到较为平稳的时期，可以适当降低国有股权比例，引入私有股权，以增加企业的灵活性和创新性，提高企业的创新动力；当经济处于下行或者整体稀土行业陷入低迷期时，增加国有股权份额，即增加国有资本的投入会帮助产业恢复稳定。因此这是一个动态调整的过程。

对于资源禀赋较高的北方轻稀土企业，维持较高的国有股权份额可以保持规模经济性，但如果在条件允许的情况下，增加研发投入，可以在现有规模下，促使产业链向中下游延伸，不断向稀土的高端应用领域进军。

对于南方中重型稀土矿，考虑到其分布特征的物理性质，国有股权份额的提高可以对很多小型企业产生挤出效应，倒逼缺乏有效规模的企业退出，减少无序开采，进而实现对一个地区较分散稀土资源的统一管理，实现资源的集约利用，提高回采率和相应的技术水平。

7.5.2 利用国有资本建立战略储备制度

日本在资源储量上一直较为短缺，稀土资源也一样，因此日本一直是中国稀土最大的出口国。早在1983年，日本就出台了稀有矿产战略储备制度，且分为国家储备和民间储备两类。其中政府储备由日本石油天然气金属矿产资源机构（JOGMEC）下属的海外矿业投资服务公司负责，日本政府通过投资和减免税收等方式予以扶持；而民间稀土储备则由“特殊金属储备协会”牵头，由日本30家企业团体组成，其中包括稀土永磁材料的专利技术研发公司——日本住友金属公司。这种战略储备制度一方面在很大程度上保证了日本的工业生产需求，另一方面有效帮助日本应对国际稀土价格波动和未来可能出现的供给短缺（机制见图 7–2）。

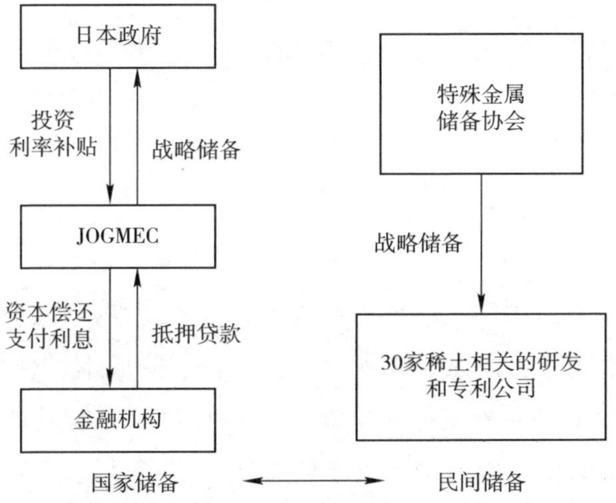

图 7–2　日本稀土资源战略储备的运营机制

资料来源：笔者自行整理绘制。

从日本的稀土战略储备制度来看，其国内市场应对稀土国际价格波动的能力很强，不容易受其他国家牵制，国家储备与民间储备互相补充、相得益彰。而中国目前正是缺乏这种在开放经济环境下应对国际市场价格波动、保护资源的机制。因此，针对稀土资源日益短缺的问题，政府和企业都可以参照上述机制，建立资源战略储备制度，应对未来国际形势变化可能带来的波动和风险。

综上所述，在不同战略目标下，国有股权份额的作用可以进行灵活调整，以应对市场需求和减少风险，这种规制方式较其他规制方式更为灵活。通过国有资本的投入，除了可以有效控制企业行为和目标，还可以通过建立相关的战略储备制度，更加有效地对本国的稀土资源进行管理和保护。

第8章
中国可耗竭资源型产业的间接进入规制设计

2016年以来，中国政府大力推进可耗竭资源型产业的供给侧结构性改革。为了落实“去产能、去库存、去杠杆、降成本、补短板”五大重点任务，出台了一系列支持化解煤炭和钢铁过剩产能的政策措施，如：开展探明储量的矿产资源纳入自然资源统一确权登记试点；推进矿业权出让制度和矿产资源权益金制度改革；全面实施矿业权人勘查开采信息公示制度等。自然资源部（原国土资源部）出台《关于化解钢铁煤炭行业过剩产能推进脱困升级的意见》，明确要求3年内停止划定矿区范围，已核准的煤矿建设项目要与去产能任务挂钩①。

党的十九大报告明确指出，要加快完善社会主义市场经济体制，其中最关键的一点在于“转变政府职能，深化简政放权，创新监管方式”，尤其是对自然资源的保护，重点在“改革生态环境监管体制。加强对生态文明建设的总体设计和组织领导，设立国有自然资源资产管理和自然生态监管机构，完善生态环境管理制度，统一行使全民所有自然资源资产所有者职责，统一行使所有国土空间用途管制和生态保护修复职责，统一行使监管城乡各类污染排放和行政执法职责”。对国有企业的改革，党的十九大报告也提出了明确要求，包括“完善各类国有资产管理体制，改革国有资本授权经营体制，加快国有经济布局优化、结构调整、战略性重组，促进国有资产保值增值，推动国有资本做强做优做大，有效防止国有资产流失”等②。

---

① 资料来源：中国政府网，http://www.gov.cn/xinwen/2017-05/12/content_5193214.htm.

② 资料来源：中国政府网，http://www.gov.cn/zhuanti/19thcpc/.

可以看出，政府对可耗竭资源型产业的监管不仅没有放松，反而加强了总体规划，提高了对生态环境保护的要求。可耗竭矿产资源作为战略资源，国有企业又起到带头作用，如何能够通过改变国有股权职能，实现上述目标，是本章重点研究的内容。在供给侧结构性改革的背景下，本书提出的间接进入规制方案可以补充目前已有的规制体系，提升中国可耗竭资源型产业，尤其是资源类国有企业对经济社会发展的贡献，减少资源耗竭和环境污染。

8.1 中国可耗竭资源型产业的规制政策梳理

8.1.1 2016年后出台的相关政策梳理

在构建中国可耗竭资源的间接进入规制体系之前，首先简单梳理该产业目前已有的各类规制。

根据规制方法和手段不同，政府管制可以划分为经济性规制和社会性规制。经济性规制通常指政府通过价格、产量、进入与退出等方面对企业决策所实施的各种强制性制约，目的是防止发生资源配置低效率并确保利用者的公平。社会性规制是以保障劳动者和消费者的安全、健康、卫生、环境和防止灾害等为目的，对产品和服务的质量进行限制，伴随着提供产品和服务而产生的各种活动制定一定的标准，并禁止、限制某些特定行为（王俊豪，2013）。

依据上述标准，近3年中国的可耗竭资源，尤其是与矿产资源相关，出台的政府规制主要以社会性规制为主，这与以往限制价格、产量等规制方式有很大区别，下面详细阐述。

2016 年11 月，《全国矿产资源规划（2016—2020年）》发布，总体目标是到2020年，基本建立安全、稳定、经济的资源保障体系，基本形成节约高效、环境友好、矿地和谐的绿色矿业发展模式；基本建成统一开放、竞争有序、富有活力的现代矿业市场体系，显著提升矿业发展的质量和效益，塑造资源安全与矿业发展新格局[①]。在这个规划中，明确将石油等24 种矿产列入战略性矿产目录（见表8-1），战略性矿产的重要性在于保障国家经济安全，因此需要在资源配置、财政投入、重大项目、矿业用地等方面加强引导和差别化管理，提高资源安全供应能力和开发利用水平。本书主要研究的煤炭、黑色金属和有色金属都囊括在这一战略性矿产目录上。因此，本书的研究对中国的战略资源规制体系有重要的参考价值。

表 8-1　中国战略性矿产目录

矿产类别	目录
能源矿产	石油、天然气、页岩气、煤炭、煤层气、铀
金属矿产	铁、铬、铜、铝、金、镍、钨、锡、钼、锑、钴、锂、稀土、锆
非金属矿产	磷、钾盐、晶质石墨、萤石

资料来源：（原）中华人民共和国国土资源部. 2017年中国矿产资源报告［M］. 北京：地质出版社，2018.

2017年3月，自然资源部（原国土资源部）印发《探明储量的矿产资源纳入自然资源统一确权登记试点工作方案》，在福建、贵州展开试点工作，推进矿产资源确权登记规范化，力图形成归属清晰、权责明确、监管有效的矿产资源统一确权登记制度，加强国家对矿产资源的保护与监管。这是对矿产资源的准入规制，目的是明确进入市场的矿产资源产权。

2017年3月，自然资源部（原国土资源部）、财政部、环境保护部、国家质量监督检验检疫总局、中国银行业监督管理委员会、中国证券监督管理委员会联合下发了《关于加快绿色矿山建设的实施意见》（以下简称《意见》）。《意见》明确了绿色矿山建设三大建设目标：①是基本形成绿色矿山建设新格局，要求新建矿山全部达到绿色矿山建设要求，并建设50个以上绿色矿业发展示范区；②是转变矿业发展方式，建立资源节约集约和循环利用的产业发展新模式及矿业经济增长的新途径，加大矿

① 资料来源：人民网，http://politics.people.com.cn/n1/2016/1129/c1001-28910291.html; 国家发改委网站，http: /www.ndrc.gov.cn/fzgggz/fzgh/ghwb/gjjgh/201705/t20170511_847173.html.

山生态环境治理力度；③是建立国家、省、市、县四级联创、企业主建、第三方评估、社会监督的绿色矿山建设工作体系，健全绿色勘查和绿色矿山建设标准体系，完善配套激励政策体系，构建绿色矿业发展长效机制。《意见》主要内容包括：①制定领跑标准，打造绿色矿山；②加大政策支持，加快建设进程；③创新评价机制，强化监督管理；④是落实责任分工，统筹协调推进。《意见》更多属于社会性规制，即从生态环境、绿色安全等角度进行规制。

可以发现，近几年政府主要出台的政策中，经济性规制以进入规制为主，社会性规制以生态环境保护为主。这种管制体系一方面弱化了政府对可耗竭资源型产业的价格、产量限制，更多的是放权到地方；另一方面强化了对可持续发展的重视，强调绿色开采。结合前几章理论和实证模型对中国可耗竭资源型产业的研究可以发现，经济性和社会性规制的有机结合，能在降低外部性的同时起到提高绩效的作用。本书提出的间接进入规制，既可以帮助明确产权划分，属于进入规制的一种，又可以实现集约利用资源、保护生态环境的作用。因此，在可耗竭资源型产业中引入间接进入规制，符合中国供给侧结构性改革和国有企业混合所有制改革的总体方向。

8.1.2 2016年前后资源型产业相关政策的对比

除了上述近期出台的政策，目前已经执行多年的经济性规制主要是税费规制，如第4章计算代际外部性时涉及的资源税、资源补偿费、城市维护建设税等。社会性规制目前较为详细且执行多年的政策包括对矿产资源的开采企业征收安全生产费、建立安全生产规范条例等。

这类政策与2016年以来出台的政策相比，对市场的干预程度更高，同时监管难度更大，因此有效性也较为有限。由于可耗竭资源型产业的发展有成本不确定性高、资产专有性强、沉没成本大等问题，与企业本身或消费者相比，规制者很难获得相关的信息，无论是“税”还是“费”，均存在信息劣势的问题，这给规制者带来监管难题，其中税率、费率的制定是最大的难点所在。加之越来越开放的宏观经济环境也给规制者带来了更多的限制，税费过多不仅会增加企业负担，而且容易过度干预市场价格，与国际贸易条款相冲突，进而引发贸易争端、受到他国的贸易制裁。

本书提出的间接进入规制，主要通过调整国有化程度实现规制目的，不仅方式灵活，还可以起到信息披露的作用。因此，对于存在双重负外部性的产业而言，合理的间接进入规制体系一方面对市场干预程度更低，有更高的可行性；另一方面可以尽可能地减少效率损失。

本章将详细构建中国可耗竭资源型产业的间接进入规制体系，并结合现有的经济性规制和社会性规制，为中国可耗竭资源型产业的发展提供政策建议。

8.2 间接进入规制设计——国有企业改革

前文研究已经指明：短期内，资源型产业的企业数量变化幅度不会太大，当外部性较高时，应加强国有化，当外部性较低时，应适当放松。目前的中国可耗竭资源型产业的双重外部性已经非常严重，因此短期内不应随意按照“一刀切”的方式盲目降低国有股权份额。

理论模型中，间接进入规制是通过企业股权中的国有股权份额体现的，该份额要求国有企业在评估自身绩效的时候，将社会福利与自身利润进行加权平均，这是与私有企业绩效评估最大的区别，因为私有企业的绩效评估只考虑企业的经济利润。目前中国可耗竭资源型产业还不存在真正意义上的直接或间接进入规制。因为很多可耗竭资源型产业在进行绩效评估时，国有及国有控股企业的标准与私有企业的评估方式基本一致，更加重视经济效益，对社会福利的考虑较为有限，这是在新一轮的混合所有制改革中需要重点调整国有股权职能的地方。

8.2.1 中国国有企业的发展特性与国际借鉴

中国的国有企业既包括国家层面的中央政府全额注资或控股的企业，也包括地方政府投资参与控股的企业。梳理中国国有企业的发展脉络可以发现，中华人民共和国成立初期，国有企业完全属于全民所有，是国家的“生产工厂”；1980年以后，承包制的出现使得部分国有企业变成了承租者追求利润最大化的工具，加之个体经济发展，个别国有企业的收入占比逐渐下降；从1994年开始，国有企业推行重组和下岗分流的政策，逐步剥离国有企业的社保职责，有效地降低了由人员冗余、职能复杂等问题造成的低效率及国有企业的社会负担。但是也有个别国有企业目前仍然是财政赤字的主要贡献者，而且上市后融资获得的资金回报率较低。目前这些部分低效率的国有企业显然需要尽快扭转局面，以适应经济的转型发展。

由于不同层级的政府部门存在差异化的治理目标，因而国有资产管理变得更加复杂，也增加了管理难度，这使得很多原有的政府规制出现失灵。国有化之所以可以作为间接的规制手段，是因为国有企业同时具有经济性和社会性两种特点。经济性表现为国有资产的保值增值、帮助调节宏观经济目标等；社会性更多地表现为促进就业、保护资源，实现能源安全等目标。因此，国有企业的重要性在中国的经济发展中是显而易见的，它不仅是整个国民经济中的重要支柱，还是开放经济环境下，与全球各种经济体相抗衡的重要力量。

为了减少中国可耗竭资源型产业的双重外部性，又要兼顾国有股份过高带来的低效率问题，在目前市场经济体制下，中国的国有企业改革可以在借鉴其他国家的管理办法的同时，寻找自己的特色之路。

下面简单梳理美国、欧洲部分国家和地区的国有企业进入规制政策。

作为世界第一大经济体的美国，没有实质意义的国有企业，只有47家联邦公司。美国的联邦公司与中国的国有企业不同，仅负责私人无法做、做不好或者无利可图的行业，如邮政、博物馆、公园森林、公共交通、自来水、污水处理及退伍军人养老和医疗保险等，而且其董事会具有独立行政权力，可以免于联邦政府的行政干预。因此，尽管由政府全部或部分出资（联邦公司可以分为完全国有和部分国有），但是实质上提供的是公共产品或准公共产品，并不参与其他产业的市场竞争。这一方案与中国目前的大部分公共产品产业类似，如国家森林公园、国家自来水公司、邮局等。

与美国相比，欧洲的国有企业与中国更为接近。以英国为例，英国的国有企业始建于第二次世界大战之后，在20世纪70年代进行了大规模的改革，目前国有企业的贡献占GDP的贡献约12%，主要涉足煤炭、铁路、邮电等行业。

在法国，国有企业也占据十分重要的地位，这是法国长期推行国有化政策的结果。早在20世纪初，法国政府就开始推行国有化政策。为了应对战争，保障战争对军备物资及日常必需消费品的供应，法国政府直接对航空、化学、钢铁、运输和粮食实行了国家管制。法国在20世纪80年代进行的国有化所涉及的领域超出了公用事业和基础设施行业的范畴，国有企业在制造业，特别是在那些国民经济的核心部门如飞机制造业、钢铁业、化纤业、化学业、电子业、玻璃业等占据了主体地位。目前法国除了军工和关键领域以外，其他行业是国家资本和私人资本混合的经济模式。法国的国防工业企业以及铁路、邮政、超大型企业国有股份比例在50%～75%以上，剩余为私人资本（社会资本）和职工股份，是典型的国家资本主义。

德国的联邦政府会也参股国有企业甚至直接经营这些企业。德国联邦政府从参股企业中获得利润，行业涉及铁路、电信、机场以及商业银行等。德国联邦政府还对另外500多家企业参股，但不参与经营，如银行控股公司Hypo房地产公司、区域性公交公司和集装箱码头等。各联邦州政府对1400多家企业也有参股，具体包括各类银行、国家瓷器制造厂（萨克森州政府100%控股）和国家酒厂等。城市和地方政府则对超过1.3万个公共设施（如游泳池、图书馆）和公司（如废弃物回收公司、医院等）都有参股。德国法律规定，国有企业应遵循“公共目的”。这个所谓的“公共目的”可以是能源和水的供应、交通基建、大型文化娱乐设施等。还有如酿酒厂、工厂等的国有企业更多地出于保护传统等历史原因。过去10年中，德国联邦政府把很多国有企业归还地方，从而使地方公共事业企业的数目增加了25%，特别是一些电网和电力供应企业。

由此可见，国有企业并非中国的“特产”，在欧洲多国的资源垄断行业也得到了广泛的认可和应用。值得关注的是，无论是英国、德国的国有企业还是美国的联邦公司，所有权与管理权是相互分离的，这种分散式管理方式不仅可以保证国有企业运行的效率，还可以帮助分散风险、降低信息成本。另外，有研究认为监管方完全独立于政治程序，可以尽量减少来自政府部门过度的行政干预，确保监管的有效性（于斌，1997）。

8.2.2 国有企业中国有股权的职能转变

国有股权的核心意义在于对国有资产的保值增值。对可耗竭资源型产业而言，资源的节约利用、高效利用，就是实现国有资产保值增值的最好方式，尤其是稀土等战略资源。因此，在政府不断倡导对国有企业进行混合所有制改革的背景下，可耗竭资源型产业的国有企业改革目标应立足于提高企业的运营效率，并改变国有股权目前较为单一的投资职能。

由于中国的国有企业涉及行业种类众多，问题复杂，并非如美国的联邦公司只生产经营无营利的公共产品或准公共产品，因而国有企业改革也不能“一刀切”式地采取相同的政策，而应该分类进行。

根据所涉及的产业领域，可以将中国的国有企业粗略分为三种类型：第一种为公共产品型，由国家独资，提供公共产品和准公共产品，无营利性和商业性；第二种为特殊功能型，主要包括战略性产业，这类企业既有公益性，又有营利性；第三类为一般商业性，国有资产仅参股，不控股。在三种类型中，国家对企业的控制力由强到弱，控股所需资金也由多减少。

具体而言，第一类国有企业管理可以借鉴美国联邦公司的管理办法，由政府全资，但交由董事会管理，而董事会可以部分由政府任命，但要尽量减少来自行政部门的过度干预。这类企业仅涉足完全公共产品或准公共产品领域的生产和服务，如水利、邮政、养老院等。这类国有企业的政府投资来源可以直接从财政收入中划拨。

第二类国有企业以政府作为主要控股方，政府可以适当干预企业的行为，但不能完全干预。干预的强度取决于国有控股比例的大小。对于这类企业，政府控股的目的是解决规模不经济或外部性等问题，而不是单纯为了企业的资产保值增值。因此，对于这类企业，私有资本的股权部分可以用于获取利润和提高创新能力，但是国有股权的部分更多地要将社会福利作为绩效的评价标准，如排污治理效果、资源的回采率、当地的失业率等。由此，企业在生产过程中产生的双重外部性成本可以有效地转为内生，且不会额外增加企业本身的负担。对于这部分国有股权，应当设立独立的绩效评价体系，与企业经济利润相区分。这类国有股权的投资来源可以是企业税收等财政转移支付，或者采取设立专项基金的方式。

第三类国有企业和民营企业没有本质区别，政府仅仅参股，并不控股，这适用于大部分产业，也是真正意义上的混合所有制企业。对于这类企业，政府和一般的投资者相同，仅仅作为企业融资来源的一部分，不过分干预企业行为。投资目的在于国有资产的保值增值，帮助企业发展。这部分融资来源不应直接来源于财政收入，可以通过设立专项基金或用其他融资方式给企业注资，以获得适当的资金回报。表8-2将上述三类国有企业的股权形式、资金来源和适用产业等特征进行了总结比较。

表 8-2 国有企业的所有权分类

国有企业类型	股权结构	市场份额	资金来源	适用产业类型
完全国有	100%政府持股	完全占有	财政收入	公共产品
国有控股	政府持股比例最大	部分占有	财政收入或相关特设专项基金	具有自然垄断性、规模经济性、外部性、具有战略意义或涉及国家安全的产业
一般商业	参股	少量占有	专项基金或其他来源	一般营利性产业

另外，无论是何种国有企业，投资方、管理方、监管方须相互分离，才能使整体的产业形成良性竞争，而且对于第二种和第三种产业之间的

划分不是恒定不变的，当第三类产业出现了规模不经济问题或者巨大外部性问题时，就应该加强国有化程度，加强政府的进入规制力度，通过增持国有股权、减少私有资本的比例，改变企业行为。类似地，当第二类产业的外部性减少或者有新的替代品出现，使原本战略性的产品变为一般产品，则应该放松进入规制，减少政府干预，促进市场竞争。

可耗竭资源型产业中的国有企业大部分属于上述分类中的第二类，因此目前国有股权单纯以保值增值为单一目标的职能需要调整。国有股权的比例高低，应该反映国家对这类资源的重视程度，尤其是对战略资源的保护、生态环境的保护，相关指标应纳入这类国有企业的考核范围。动态调整国有企业的股权比例，在不同条件下实现强化监管或弱化监管的目标。

8.2.3 资源型产业的产权问题和产业整合

本书分析的可耗竭资源均属于矿产资源，其根本上的产权属于国家，也属于全民。政府将采矿权委托给集体或个人，形成了典型的“委托—代理”关系，这也是资源型产业的产权与其他工业产业产权或服务业产权的根本区别所在。考虑到当代的资源消耗过度，会引发未来资源的匮乏，生产过程中不断排放的废水、废气也会对整个国家甚至全球造成不可逆的损害，因此可耗竭资源型产业的产权界定问题更为复杂。

广义上而言，产权是经济理性人之间基于物品的稀缺性建立的关系，明确的产权是资源合理配置的前提。资源产权包括所有权、占有权、支配权、使用权、收益权和处置权等，类别多而复杂，中国自然资源又属于全民所有，因而难以确定单个经济理性人或集体对资源的产权范围，也很难确定资源配置的合理性。目前中国大部分可耗竭资源企业从政府获得采矿权后，也一并拥有了使用权、收益权等其他权益，然后经营并从中获取利润。这些利润除了上缴相关税费外，都留给了当代运营中的资源企业。至于后代是否还能公平利用资源，是否需要弥补资源环境的破坏，几乎不在当代大多数企业经营者的考虑范围内。因此，大多数资源型产业的外部性问题和配置扭曲问题都源于代际产权界定不明晰。

中国的可耗竭资源型产业已经多次因过度进入和规模水平不经济，引起企业的重新整合，这种产权转让或流动要实现有序化进行，需要对宏观产权制度提出新的要求，因为目前的产权制度制约了市场集中度提高的速度与程度（胡川，2008）。未来矿产资源产权制度改革的目标主要有两个方面：一是维护国家矿产资源的所有权权益，同时提高管理效率，减少“政府失灵”；二是维护矿业权人的权益，尽可能避免“市场失灵”（曹海霞，2011）。

全面实施中国特色社会主义市场经济始终是中国未来经济改革的大方向，在市场机制的基础上寻求资产化管理与资源性管理、行政和市场配置方式的最优组合才是一种有效率的矿产资源管理模式，该模式的核心是市场化的矿产资源配置制度安排。因此，以市场机制为基础，通过自然资源开采权的确认、拍卖、招标或其他方式选择参与企业，使可耗竭资源型产业的产权配置成为一种有效率进入壁垒（汪小英、成金华，2011）。

作为一种战略性的资源型产业，可耗竭资源的产权配置还有很大的研究空间，在产权不变的条件下，较易调整间接进入规制的强度，在短期内将国有企业的股权减少或是增加就可以实现不同的国有资产比例配置，进而改变企业的行为。对不同类别资源的企业，选择增加国有股权份额还是降低国有股权份额，关键还在于负外部性的严重程度和国有股权职能的效果。

结合第5章、第6章的分析，可以将不同外部性下的国有化对产业的绩效影响总结为图8–1和图8–2。图8–2显示中国的黑色金属产业和有色金属产业可以加快产业整合，逐步提高国有股权份额。图8–1显示煤炭企业的国有化比较复杂，因为代际外部性较大时，国有化程度的上升，反而有可能降低绩效。对环境外部性巨大的企业，可以加快产业整合的力度，因为增持国有股权份额，对私有企业会产生一定程度的挤出效应，以降低私有企业的环境外部性，进而增加产业的整体绩效。

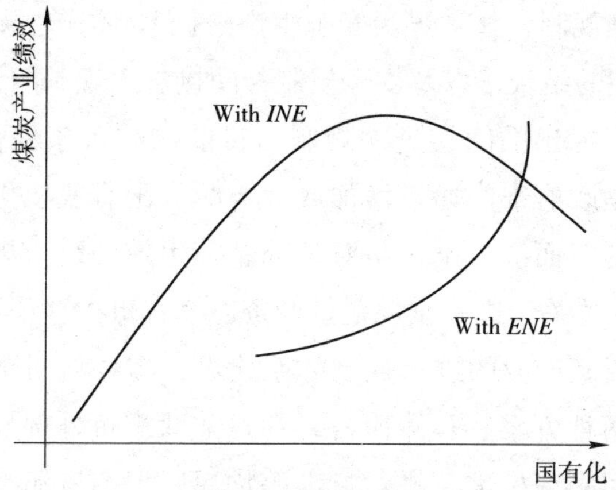

图 8-1　不同外部性下国有化对煤炭产业绩效的影响

资料来源：笔者自行整理绘制。

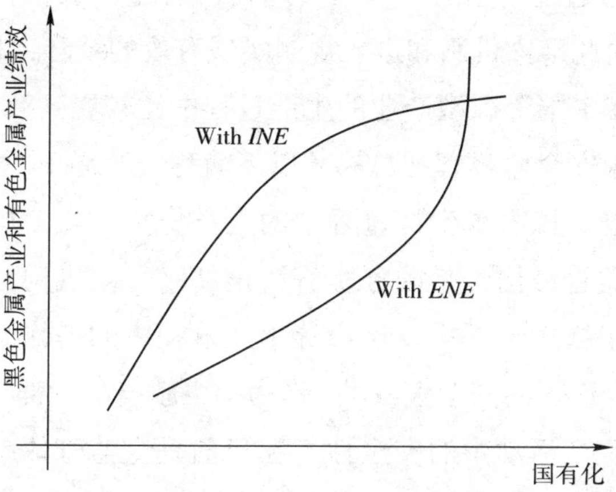

图 8-2　不同外部性下国有化对黑色和有色金属资源型产业绩效的影响

资料来源：笔者自行整理绘制。

8.2.4　间接进入规制与其他规制的结合

近3年已经实施的可耗竭资源型产业规制主要以经济性的进入规制和社会性规制为主，但没有给出具体的规制方案。目前现行的资源型产业规制中，较为明确的经济性规制是准入条例，还有对可耗竭资源型产业征收资源税，这已经在前文计算双重外部性中有所体现。另外，社会性规制主要为安全规制，如《煤炭安全生产条例》。本节主要阐述准入机制与间接进入规制的结合，以及安全规制与间接进入规制的结合。

首先，本书提出的间接进入规制与目前的准入条件存在明显区别。间接进入规制是政府部门通过增加或适当减少国有股权份额，达到改变企业行为的目的。而准入条件是对全部企业生效的统一规定，一般具有法律效应，例如《关于进一步规范矿产资源勘查审批登记管理的通知》。

可耗竭资源型产业的进入规制体系建设，需要有机结合准入条例和间接进入规制两种方案。具体而言，在目前双重负外部性下，建立更高的环境标准、回采率标准、排污标准等均属于提高资源型产业的准入门槛。对于违背该准入条件的企业，可以根据情节轻重予以罚款或吊销营业执照（Yu，Li，2016）。该项罚金可用于设立专项基金，以便出现外部性的时候，政府通过利用这部分资金增持国有企业股权，强化间接进入规制的力度，由此准入机制和进入规制实现有效的结合，相辅相成。

安全规制在中国资源型产业的生产过程中比较受到政府部门的重视，专门设立了国家安全监督管理总局（以下简称安监局），对高危行业的生产作业进行监管，以减少生产过程中的人员伤亡。安监局的层级从中央到地方呈垂直监管结构，是国务院直属正部级行政机构，负责各类安全生产的监管，包括煤炭开采、矿山等生产过程中的爆炸、坍塌或其他原因造成严重人身伤害的安全事故[①]。作为中央政府的一部分，安监局的目标是保证经济生产活动中的安全性。在目前垂直监管体系下，逐层的纵向监管减少了横向监管的交易成本，层层上报的确在一定程度上提高了效率，有效控制并减少了事故的发生频率（Yu and Li，2015）。

可以看出，安全规制主要在事后发生作用，而间接进入规制主要在事前发生作用，事前规制与事后规制的结合，可以从全生产链的角度实现对可耗竭资源型产业的规制。事前的间接进入规制可以帮助促进企业提升技术水平，增加安全生产设备。事后的安全规制通过处以罚金，补

① 另一类安全规制是食品、药品的质量监督，本书对这类安全规制暂不作讨论，重点关注对工业生产的安全规制过程中，出现的规制失灵问题，但是本书的理论研究可以作为其他安全规制的机制设计参考。

充国有股权增持的“基金池”，两者的有机结合对中国可耗竭资源型产业安全、良性发展亦有所益处。图8-3简要总结了间接进入规制与其他规制方案的有机结合。

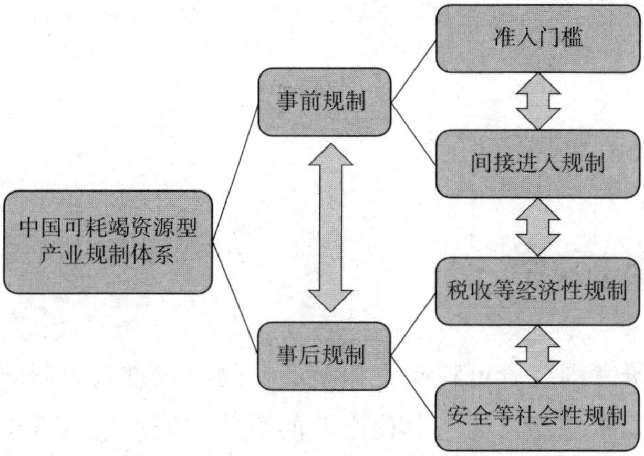

图8-3　间接进入规制与其他规制的结合

综上所述，间接进入规制作为事前规制的一种，与准入条件、事后的税收、配额限制、安全规制等政府规制手段并不冲突。通过税收、罚款等手段增加的财政收入可以放进间接进入规制的“基金池”，用于更改间接进入规制强度。另外，间接进入规制可以动态变化，根据不同产业特征采用不同强度，有效地改变企业行为和资源配置，达到减少外部性、提升企业绩效的目的。因此，间接进入规制在实际应用中操作相对简便且灵活，既不违背市场经济原则，又可以帮助政府获得信息，是相对有效且可行的规制方法。

第9章
结论及政策建议

9.1 全书总结

本书的研究围绕着可耗竭资源型产业的间接进入规制问题展开，通过对比可耗竭资源型产业与其他产业的不同特征，重点分析了可耗竭资源型产业在生产过程中的代际外部性和环境外部性；并在此基础上，通过理论和实证模型，研究国有股权份额作为一种间接进入规制，对可耗竭资源型产业的外部性和绩效的影响；而后以稀土产业为例，分析了国有股权份额在不同战略目标下的不同作用；最后构建了中国可耗竭资源型产业的间接进入规制体系。具体结论可以分为以下几个部分。

第一，本书通过分析可耗竭资源型产业的储量、成本、价格、外部性和对外依存度等特征，发现以下几个问题：

（1）中国可耗竭资源型产业存在的客观问题包括储量的不确定、生产时资产专有性高、沉没成本较大，而且目前经济发展对煤炭、有色金属、铁矿石等资源的依赖性很强，且短期内替代品的替代作用较为有限。

（2）中国可耗竭资源型产业的储产比过低，远小于世界其他储量大国，资源消耗速度很快，耗竭问题严重。

（3）中国可耗竭资源型产业的产出和数量分布不对称。可耗竭资源产出量最高的省区为内蒙古和山东，而企业数量最多的两个省份为山西和四川，说明同一产业不同地区的企业间效率差别巨大。

（4）资源出口价格过低，战略性资源出口量巨大，但无国际定价权。

（5）产权不明晰造成中国可耗竭资源型产业出现市场失灵，如代际不公、公地悲剧等问题，加剧了双重外部性，也出现了规制失灵。

第二，针对中国可耗竭资源型产业的特性和现存问题，本书首先运用规范分析，将外部性加入传统过度进入理论和进入规制模型进行研究，主要结论如下：

（1）沉没成本不足以成为新企业进入壁垒时，容易引发资源型产业的过度进入；外部性成本越大，过度进入越严重。

（2）企业数量外生时，国有股权比例上升对私有企业产量形成挤出效应，当外部性较高时，间接进入规制可以增加社会福利。

（3）企业数量内生时，国有股权比例上升对私有企业数量产生挤出效应，存在外部性时，间接进入规制会在保证总产出量不变的情况下，减少私有企业的外部性，进而提高社会福利。

第三，在上述理论模型的基础上，本书首先运用使用者成本法和条件估值法测算了中国资源型产业的代际外部性和环境外部性，并在此基础上运用2011—2014年上市公司层面的数据，研究资源型产业的进入规制、外部性和绩效的相互影响，结论有以下几点：

（1）存在外部性条件下，国有股权在44.39%～86.98%时，国有化程度较高的企业比较低的企业产量更少且绩效更高。

（2）目前煤炭、黑色金属、有色金属三类可耗竭资源型产业中，不考虑开放经济环境和外部性程度的条件下，国有股权份额没有显著减少代际外部性和环境外部性，如果还伴随着企业规模的显著扩大，更容易造成产业绩效的下降。

第四，本书拓展考虑了开放经济条件的情况下，国有企业收入占比作为间接进入规制对外部性以及绩效的影响。理论上，进口对存在负外部性的产业存在双重的利好作用，一方面可以增加社会福利，另一方面可以减少因本国开采造成的负外部性损失；而出口对于绩效的影响取决于出口获得的经济收益与开采造成的负外部性；进一步用1999—2015年的数据进行面板协整分析和门槛分析，结论如下：

（1）通过分析开放经济下国有化与绩效的协整关系，发现国有企业收入占比的提高显著降低了中国资源型产业的双重负外部性；而国有企业单纯扩大规模，则会显著造成负外部性的上升。

（2）将代际外部性和环境外部性分别作为门槛变量，可以发现国有化与绩效的关系不是简单的线性递增或递减。一方面，随着代际外部性的上升，国有化水平对绩效的正面影响会先上升后下降；另一方面，随着环境外部性的上升，国有化对绩效的正面影响持续上升。

（3）区分不同资源来看，煤炭产业国有收入占比在2011年以前，对绩效的作用为正，2011年以后，对绩效的作用为负；黑色金属和有色金属产业的国有收入占比上升，均会显著增加产业绩效，这与前述企业层面的分析相一致。

第五，通过分析稀土产业的发展现状、外部性特征和国有股权份额可以发现，不同战略目标下，国有股权份额的作用有所不同，间接进入规制相较其他规制方式也更加灵活。具体而言：

（1）中国稀土呈现“北轻南重”的地理分布，其中南方重型离子矿由于其分布较为分散，因此开采企业平均规模小，监管成本高，代际外部性较为严重；另外，无论中重型稀土还是轻型稀土，尽管开采技术不断进步，但是仍然在开采过程中存在巨大的环境成本，其中植被破坏和土壤污染最严重。

（2）目前一系列的稀土政策尽管在很大程度上限制了稀土资源的无序开采，但是由于信息不对称、目标不一致，稀土规制的效果容易打折扣，如产量配额的限制容易出现供需不平衡的情况，倒逼部分国外企业转向其他非正规市场购买稀土。

（3）国有稀土企业的主营业务仍然集中在稀土采掘和初加工领域，向产业链中后段延伸较少，利润获取主要依靠地区的资源禀赋；而非国有稀土企业大都在依托有限资源，逐步向稀土产业中下游领域延伸，并取得了较高的经济效益。因此，国有企业的优势在于稳定性，包括利润率、成本等方面；而非国有企业的优势在于创新性和灵活性，延长产业链以获得更高的投资回报率。

最后，本书在理论和实证分析的基础上，对目前国有企业进行了类别划分，区分了不同类型产业所属的国有企业类型和所有权，并结合产权、经济规制、社会规制提出了可耗竭资源型产业进入规制的改进方案。

9.2 政策建议

根据上述分析结论，本书对可耗竭资源型产业的进入规制和产业调整提出以下几点建议。

（1）进入规制强度应与资源特性相匹配。

上述理论与实证结果表明，自由进入情况下，较高的国有股权份额可以起到进入规制的作用，但如果企业数量变化不大且负外部性较小时，私有化是合意的选择。因此，政府可以根据负外部性的大小和资源重要性的差异，动态选择不同的进入规制强度。下面将中国可耗竭资源型产业划分为战略性资源、重要资源和常规资源三类加以讨论。

战略性资源是指中国储量虽然较多，但已经耗竭严重的资源，中国是国际市场上的主要卖家，但尚不具备定价权。例如，煤炭、稀土、钨、锡、锑，以及贵金属、宝石等。这类资源必须采取事前规制与事后规制、直接规制与间接规制相结合的强进入规制模式，即产业以国有股权为主导，政府根据资源剩余储量、国内外需求等决定产业内企业数量或产量配额，从而达到既控制开采总量，又能实现规模经济性和提高价格控制力的效果。

重要资源是指主要用于工业的能源和原材料，其特点是中国储量不大，对外依存度较高，是国际市场上的主要买家，如石油、天然气、铜矿、铁矿、铝土矿等。这类资源可采取国有化为间接进入规制手段，政府持股比例在44.39%～86.98%的合理范围即可，一味地追求独资反而不利于社会福利的提升。而对于限制进入的石油天然气开采业，目前国有股权独大，政府规制的作用十分明显。根据第4章定理1，在对石油天然气开采业进行混合所有制改革的同时，如果能保证能源安全的前提下逐步放开进入可能会提升社会福利。

对于既非战略性资源，也非重要资源的常规资源型产业，应以私有企业为主导，国有股权份额的主要作用是减少负外部性和政府信息劣势。

（2）进入规制强度应与其有效性相匹配。

如果目前某些国有企业的行为和绩效目标仍难以社会福利为衡量标准，只考虑经济效益，则应该适当引入私有资本，以减少外部性的产生，同时提高企业的效率。如果国有股权能够改变国有企业的行为和绩效目标，明确国有企业的社会职责，在评估绩效时，将社会福利、外部性和企业利润加权平均纳入考虑，使国有化真正成为政府间接进入规制的有效手段，那么在不同的外部性条件下，可以通过调整国有股权份额间接改变企业行为。

（3）国有企业改革必须考虑行业特性。

尽管私有化是目前各行业改革的大势所趋，然而，行业的特殊性决定了新一轮国有企业的改革不能“一刀切”，必须充分考虑并明确区分竞争性产品、共有产权产品以及公共品或准公共品的不同特性。竞争性产品应该进行彻底的市场化改革，而对于共有产权产品以及公共品或准公共品，需要进行慎重评估。特别是对于属于全民所有的自然资源的开采，应由国有资产监督管理委员会或者其他投资机构代表全民持股，行使共有资源产权主体的权利，实现对资源的有效管理。

部分发达国家的实践表明，对于关系国计民生的产业，国有股权可以有效行使国家的控制权。例如，尽管英国是最早进行私有化的西欧国家，但通过明确区分哪些是竞争性行业，哪些是关系国计民生的国有控制领域，目前仍保留了煤矿、铁路、邮电等行业的国有控股地位，其国有企业的贡献约占GDP的12%①。另外，从出资方式上看，法国和德国由财政部行使出资者所有权，意大利、新加坡等国通过设立控股公司代行所有权。新加坡淡马锡公司负责管理国家持有的股权，主要业务集中在能源、运输等产业，均获得了高于外资和私有企业的效率。这也是中国国有企业改革可以借鉴的管理模式。

由于国有化对产业绩效的影响是非线性的，因此需要随时根据外部

① 于斌. 英国国有企业私有化的回顾与思考［J］. 管理世界,1997(2): 35-39; 卫祥云. 国企改革新思路［M］. 北京：电子工业出版社, 2013: 20-21.

性程度动态调整规制力度。通过国有资本投入的变化间接改变企业行为和绩效目标，明确国有资本投入部分的特殊作用是为了实现新常态绿色发展背景下的新型战略目标，而不是单纯地提高企业的利润水平和扩大资产规模。当外部性有所下降或者得到控制之后，可以减少国有化程度，增加私有资本的权重，促进市场竞争，释放市场活力。

（4）国有企业考核目标应从经济性指标转向综合的社会福利指标。

由于国有股权份额对企业绩效（社会福利）的影响存在一个合理区间。这意味着在国有企业混合所有制改革中，国有股权份额不是越多越好，也不是越少越好。在战略资源企业中，能够实现国有控股即可，其余股权可以用于盘活资产，保值增值，并实现经济绩效考核和社会福利考核的双重目标。直观而言，消费者对于国有企业和私有企业的产品并无明显偏好，二者产量此消彼长对消费者剩余的影响不大，那么国有企业需要纳入考核的社会福利就是外部性成本的大小。因此，应该将国有企业的绩效考核分为两个部分：一是社会责任；二是利润。这与理论模型的假设相契合。从这一意义上，要使国有股权份额成为有效的间接进入规制手段，国有企业中国有股权的职能需要从根本上加以改变，应更多地承担优化资源开采、资源和环境保护等社会职责，使得国有企业真正成为资源型产业健康发展的领导者。

另外，企业的混合所有制改革重点还应放在解决部分企业效率过低的问题上，尤其是对于效率持续低下的企业，应通过引入竞争和建立相对公平的市场环境，引导市场中企业自发地兼并重组，从而实现良性竞争和规模经济性，带来绩效的上升。

（5）进入规制与准入标准相结合，改革采矿权与资源开采配额配置制度。

当前，中国国有资源企业的经营战略往往以“跑马圈地”为目标，一味地追求规模的扩大，致使资源开采只注重短期利益，忽视资源保护与可持续发展。在经济新常态背景下，这种发展模式必须转到追求单位产品效益上来，其重点是优化开采、控制产量、提高效率。由于单纯的规模扩大不仅会降低绩效，而且有显著的负外部性，因此政府监管部门应该一方面提高资源开采标准的技术指标，如回采率和二氧化硫排放率等；另一方面加强资源开采权的审查，提高资源型产业的进入门槛和技术标准，采用招投标等方式重新分配开采权，杜绝过度竞争引发资源耗竭加剧的现象。

目前，中国资源开采权的配置体制为“国家—省—市，以及国家—部—直属单位”的模式。对于国有企业，可无偿得到资源划拨，中小企业以极低的成本也可获得资源，因此采矿权配置制度并没有真正起到设置进入壁垒的作用，国家、地方以及各个部门间利益关系与权力划分也存在矛盾和冲突。尤其是地方政府如在单一追求GDP上升的导向下，对资源开采权的配置随意性大，开采证被无偿或低偿授予企业甚至个人，容易滋生腐败。同时，政府对资源企业的规制往往随着经济周期而变化，经济繁荣时严格管制，经济下滑时又放松管制；加之“条块分割”式的行业管理体制并没有得到有效改善，这些都给产业发展可持续性带来损害。因此，现有采矿权和资源开采配额配置制度急需进行市场化改革。

（6）适当鼓励中下游资源型产业的原材料进口，建立国家战略资源储备制度。

在保证能源安全和恰当的对外依存度的水平下，鼓励资源型产业的进口可以减少本国资源的开采，直接减少代际外部性和环境外部性，而且增加进口可以倒逼本国资源企业转型，提升竞争力，进而提高企业绩效。在引进资源的同时，鼓励引进国外先进的资源开采、分离、提炼技术，目前中国的资源开采技术仍不够发达，因而造成资源尾矿浪费严重，环境代价极高，绿色环保的新技术引进可以有效减少资源开采过程中的双重外部损失。

在扩大可耗竭资源进口的同时，逐渐建立国家和企业的战略资源储备制度，有效补充国内不断下降的资源储量，减少双重负外部性，提高国内资源企业应对国际市场中价格波动的能力。

（7）法律监管与进入规制并重，鼓励资源型产业信息披露。

在通过国有化改变资源型产业的资本结构过程中，要限制企业规模的无序扩大和资产投入，通过国有资本增加的新投入应主要用于新技术的研发引进以及环保相关的设备投入等，做到“专款专用”。监管部门应鼓励企业在不扩大规模的前提下，通过技术进步和劳动效率的提高，提升产量，进而提升利润。政府应对生产效率明显提高的企业予以奖励，对效率低下的企业提出整改，必要时撤销其资源开采和生产经营权。另外，建立更加透明的信息披露渠道，加强对资源型产业的监管以减少环境污染和生产事故，尤其需要防范国有企业与地方政府的合谋等问题。

9.3 不足与展望

由于本书的研究时间有限，且对间接进入规制模型及相关理论正在不断学习中，因而本书的研究仅仅是对该问题的初步探索，仍存很多不足之处，主要包括：

（1）在理论模型的分析中，假设了线性需求函数、成本函数，并假设私企产量相同，这些假设与现实存在一定的差距。

（2）在数据选取方面，由于能力及时间有限，只能获得上市公司的数据，大量非上市公司的数据难以获得，因此样本的代表性有所减弱，参数估计存在一定的系统误差；另外，对于环境外部性的估算借鉴了以往文献的结果，可能对实际的外部性程度有所低估。

（3）本书重点分析了资源型产业的进入规制，对资源产权的界定、划分、委托—代理问题和长效机制分析不足，这也是本研究未来持续拓展的方向之一。

综上所述，本书提出的间接进入规制模型只是规制理论中的冰山一角，未来还可进一步研究税收、配额、安全规制等其他规制方法与进入规制的结合，进一步完善中国资源型产业的规制体系，这些尚需后续的理论模型构建和实证检验。

参 考 文 献

［1］白让让，郁义鸿．强制性管制放松与边缘性进入的发生［J］．中国工业经济，2004(8): 56–61.

［2］曹海霞．我国矿产资源产权的制度变迁与发展［J］．产经评论，2011(3): 123–135.

［3］曹建海．对我国工业中过度竞争的实证分析［J］．改革，1999(4): 32–36.

［4］陈继勇，唐晓宇．在小国开放经济条件下对两种外部效应并存情况的理论探讨——兼对非洲科特迪瓦公有林地的实证分析［J］．经济评论，2008(3): 117.

［5］陈小毅，周德群．中国煤炭产业买方市场势力实证研究［J］．当代财经，2011 (3): 101–108.

［6］陈志广．利润率与市场结构：基于中国汽车产业的实证分析［J］．产业经济研究，2005(6): 37–42.

［7］戴魁早．产业集中度与利润率的关系——来自钢铁产业的实证检验［J］．工业经济，2008(1): 34–42.

［8］〔美〕道格拉斯·C.诺思．制度、制度变迁与经济绩效［M］．杭行，译．上海：格致出版社，2008.

［9］〔德〕迪特尔·格罗塞尔．德意志联邦共和国经济政策及实践［M］．

晏小宝，等译. 上海：上海翻译出版公司，1992.

［10］杜传忠，吴炜峰. 企业进入规制俘获发生的机理分析及其应用［J］. 产业经济研究，2008(33): 17–27.

［11］樊纲. 论国有资产的退与进［J］. 工业企业管理，2002(6): 20–24.

［12］范超，等. 基于使用者成本法的黄河三角洲石油资源价值折耗分析［J］. 资源科学，2011, 33(4): 736–742.

［13］龚灏，等. 矿产品开发过程中生态环境负外部性评价方法［J］. 国土资源科技管理，2015(2): 56–64.

［14］郭丽丽，李勇. 货币政策、资本监管与商业银行风险承担的门槛效应：理论与经验证据［J］. 南方经济，2014, 32(12): 19–35.

［15］郭骁，夏洪胜. 代际外部性问题与可持续发展关系研究［J］. 郑州大学学报(哲学社会科学版)，2007(4): 128–130.

［16］郭骁，夏洪胜. 解决代际外部性问题有效途径的理论探讨［J］. 中国工业经济，2006(12): 60–66.

［17］郭妍. 并购效率及其影响因素研究［J］. 统计与决策，2012 (9): 152–155.

［18］韩玉军，陆旸. 门槛效应、经济增长与环境质量［J］. 统计研究，2008, 25(9): 24–31.

［19］何光伟. 江西稀土资源整合之痛［J］. 大经贸，2012(5): 40–42.

［20］胡川. 企业产权制度创新对市场结构及绩效演进影响的研究［J］. 数量经济技术经济研究，2008(10): 13–24.

［21］黄德春，刘志彪. 环境规制与企业自主创新——基于波特假设的企业竞争优势构建［J］. 中国工业经济，2006(3): 100–106.

［22］黄健柏，陈伟刚，江飞涛. 企业进入与行业利润率——对中国钢铁产业的实证研究［J］. 中国工业经济，2006(8): 13–21.

［23］江小涓. 国有企业的能力过剩、退出及退出援助政策［J］. 经济研究，1995(2): 46–54.

［24］姜茜，李荣林. 我国对外贸易结构与产业结构的相关性分析［J］. 经济问题，2010(5): 21–25.

［25］金玉国. 进入规制国别差异中的腐败原因：一个基于跨国面板数据的实证研究［J］. 上海经济研究，2012(8): 3-12.

［26］赖丹，吴雯雯. 资源环境视角下的离子型稀土采矿业成本收益研究［J］. 中国矿业大学学报(社会科学版)，2013(3): 63-70.

［27］李国平，吴迪. 使用者成本法及其在煤炭资源价值折耗测算中的应用［J］. 资源科学，2004, 26(3): 123-129.

［28］李嘉晨，于立宏. 中国资源型产业的企业国有化研究——以我国A股上市公司为例［J］. 上海经济研究，2016(9): 52-63.

［29］李进尧，吴晓煜，卢本珊. 中国古代金属矿和煤矿开采工程技术史［M］. 太原：山西教育出版社，2007.

［30］李丽娜. 提升国际贸易竞争力的思考［J］. 当代经济，2011 (10): 104-105.

［31］李伟. 纠错、替代与过度进入：对中国转轨过程中市场进入问题的实证分析［J］. 管理世界，2009(12): 57-66.

［32］李郁芳，孙海婧. 地方政府竞争对代际公共品供给的作用机制分析［J］. 学术交流，2009(1): 52-57.

［33］〔日〕两角良彦. 产业政策的理论［M］. 东京：日本经济新闻社，1996.

［34］刘高常，谭吉玉. 我国稀土产业低碳化发展的问题与政策取向［J］. 经济纵横，2014(4): 39-43.

［35］龙如银. 资源外部性与矿业城市补偿机制探讨［J］. 中国软科学，2005(3): 150-156.

［36］马琼，等. 中国棉花生产的环境外部性价值评估［J］. 生态经济，2015(31): 103-108.

［37］茅于轼，盛洪，杨富强，等. 煤炭的真实成本［M］. 北京：煤炭工业出版社，2008.

［38］闵丹，韩立岩. 市场结构—行业周期与资本结构——基于战略公司财务理论的分析［J］. 管理世界，2008(2): 82-89.

［39］平新乔，魏军锋. 中国汽车工业的市场规模和企业数量研究［J］.

经济研究，2001(11): 52–62.

［40］〔日〕浅沼万里.日本的企业组织适应革新的机制［M］.东京：东洋经济新报社，1997.

［41］〔日〕青木昌彦.模块时代：新产业结构的本质［M］.周国荣，译.上海：上海远东出版社，2003.

［42］曲振涛，杨恺钧.规制经济学［M］.上海：复旦大学出版社，2006.

［43］〔法〕让–雅克·拉丰.规制与发展［M］.聂辉华，译.北京：中国人民大学出版社，2009.

［44］沈满洪.资源与环境经济学［M］.北京：中国环境科学出版社，2007.

［45］沈能.环境规制对区域技术创新影响的门槛效应［J］.中国人口·资源与环境，2012, 142(6): 12–16.

［46］〔美〕维托·斯泰格利埃诺.美国能源政策：历史、过程与博弈［M］.郑世高，等译.北京：石油工业出版社，2008.

［47］〔美〕史普博.管制与市场［M］.余晖，等译.上海：上海人民出版社，2008.

［48］宋文飞，李国平，韩先锋.稀土定价权缺失、理论机理及制度解释［J］.中国工业经济，2011(10): 46–55.

［49］孙海婧.地方环境规制中的代际公平问题研究［J］.生态经济，2012(5): 83–87.

［50］孙圣民.制度变迁与经济绩效关系研究新进展［J］.经济学动态，2008(10): 90–94.

［51］汤吉军.市场结构与环境外部性［J］.中国人口·资源与环境，2011(3): 1–5.

［52］〔瑞典〕托马斯·安迪森.环境与贸易——生态、经济、体制和政策［M］.黄晶，等译.北京：清华大学出版社，1998.

［53］汪朝阳.对外开放与产业结构——基于中国省际数据的空间计量分析［D］.武汉：武汉理工大学，2012.

［54］汪小英，成金华.基于产权约束的中国矿产资源管理体制分析［J］.

中国人口·资源与环境, 2011(2): 24–45.

[55] 王俊豪. 政府管制经济学导论——基本理论及其在政府管制实践中的应用[M]. 北京: 商务印书馆, 2013.

[56]〔美〕W. 基普·维斯库斯, 小约瑟夫·E. 哈林顿, 约翰·M. 弗农. 反垄断与管制经济学[M]. 陈甬军, 覃福晓, 等译. 北京: 机械工业出版社, 2004.

[57] 夏大慰, 罗云辉. 中国经济过度竞争的原因及治理[J]. 中国工业经济, 2001 (11): 32–38.

[58] 肖林. 市场进入规制研究[M]. 北京: 经济科学出版社, 2007.

[59] 肖云. 我国产业结构的演进及对外经济的战略选择[J]. 贵州社会科学, 1994(5): 15–19.

[60]〔日〕小宫隆太郎. 竞争的市场机制和企业的作用[M]//吴家骏, 汪海波. 经济理论与经济政策. 北京: 经济管理出版社, 1986.

[61] 徐强, 等. 过度进入、要素拥挤与产业效益损失实证分析——以浙江省和山东省纺织业为例[J]. 工业技术经济, 2011(10): 112–119.

[62] 许成安. 国企改革中的国有资本退出问题[J]. 南方经济, 2000(7): 41–43.

[63] 杨书林. 基于SCP范式的我国钢铁产业组织模式研究[J]. 中国集体经济, 2012(13): 38–41.

[64] 叶仁荪, 吴一丁. 中国稀土战略开发及出口产业规制政策研究[M]. 北京: 科学出版社, 2014.

[65] 于斌. 英国国有企业私有化的回顾与思考[J]. 管理世界, 1997: 35–39.

[66] 于立, 姜春海. 不同所有制下的企业行为和社会福利比较[J]. 经济与管理研究, 2004(6): 11–16.

[67] 于立, 唐要家. 所有权激励与公共企业的反竞争行为[J]. 财经问题研究, 2006 (2): 33–39.

[68] 于立宏, 李嘉晨. 双重外部性约束下中国资源型企业绩效研究[J]. 中国人口·资源与环境, 2016, 26(4): 63–72.

［69］于立宏，郁义鸿．基于产业链效率的煤电纵向规制模式研究［J］．中国工业经济，2006(6): 5-13.

［70］于立宏，郁义鸿．需求波动下的煤电纵向关系安排与政府规制［J］．管理世界，2006(4): 73-86.

［71］于立宏．规制俘获与规制权力分离理论述评［J］．新华文摘，2010(6): 153-157.

［72］于立宏．需求波动下的中国煤电产业链纵向安排与经济规制研究［D］．上海：复旦大学，2006.

［73］于立宏．中国煤电产业链纵向安排与经济规制研究［M］．上海：复旦大学出版社，2007.

［74］于良春，田蕾．自然垄断产业进入规制成本与相关政策分析［J］．经济与管理研究，2005(11): 31-36.

［75］原毅军，郭丽丽，孙佳．结构、技术、管理与能源利用效率——基于2000—2010年中国省际面板数据的分析［J］．中国工业经济，2012(7): 18-30.

［76］约翰·伊特韦尔，等．新帕尔格雷夫经济学大辞典［M］．北京：经济科学出版社，1996.

［77］〔英〕詹姆士·E. 米德．明智的激进派经济政策指南：混合经济［M］．欧晓理，罗青，译．上海：上海三联书店，1989.

［78］占明珍，夏庆．基于MS-VECM模型的中国汽车制造业集中度与利润率的非线性关系研究［J］．工业技术经济，2013(6): 59-64.

［79］张成，于同申．环境规制会影响产业集中度吗——一个经验研究［J］．中国人口·资源与环境，2012, 22(3): 98-105.

［80］张成，陆旸，郭路，等．环境规制强度和生产技术进步［J］．经济研究，2011(2): 113-124.

［81］张海莹．负外部成本内部化约束下的煤炭开采税费水平研究［J］．中国人口·资源与环境，2012, 22(2): 147-152.

［82］张红凤，张肇中．所有权结构改革对工业行业全要素生产率的影响——基于放松进入规制的视角［J］．经济理论与经济管理，2013(2): 66-78.

［83］张捷．资源角逐：世界资源版图争夺战［M］．太原：山西出版集团，

2010.

［84］张军,〔美〕威廉·哈勒根.转轨经济中的“过度进入”问题——对“重复建设”的经济学分析［J］.复旦学报(社会科学版), 1998(1): 22–26.

［85］张连众，朱坦，李慕菡．贸易自由化对我国环境污染的影响分析［J］．南开经济研究, 2003(3): 3–7.

［86］张伟,李勇．对外贸易与产业绩效［J］．石家庄经济学院学报, 2004(12): 689–691.

［87］张志强，徐中民，程国栋．条件价值评估法的发展与应用［J］．地球科学进展, 2003, 18(3): 454–463.

［88］章迪诚．中国国有企业改革编年史［M］．北京：中国工人出版社，2006.

［89］赵时亮,高海燕,谭琳．论代际外部性与可持续发展［J］.南开学报(哲学社会科学版), 2003(4): 41–47.

［90］〔日〕植草益.微观规制经济学［M］.朱绍文，等译.北京：中国发展出版社, 1992.

［91］钟昌标.外贸对区域产业结构演进的效应［J］.数量经济技术经济研究, 2000(10): 21.

［92］周吉光，丁欣．河北省矿产资源开采造成的环境损耗的经济计量［J］．资源与产业, 2012, 14(6): 148–155.

［93］ACEMOGLU D, AGHION P, HEMOUS B D. The environment and directed technical change［J］. The American Economic Review, 2012, 102(1):131–166.

［94］AKBAR Y H, MCBRIDE J B. Multinational enterprise strategy, foreign direct investment and economic development: the case of the Hungarian banking industry［J］. Journal of World Business, 2004, 39(1):89–105.

［95］ALMANSOUR A, INSLEY M C. The impact of stochastic extraction cost on the value of an exhaustible resource: an application to the Alberta Oil Sands［J］. Working Papers, 2011.

［96］ARROW K J, CHANG S. Optimal pricing, use and exploration of uncertain natural resource stocks [J] . Springer US, 1980, 9(1):105–116.

[97] ARROW K J. The organization of economic activity: issues pertinent to the choice of market versus non–market allocation [J] . Joint Economic Committee of Congress, 1969:12–16.

[98] BAGWELL K, RAMEY G.Capacity, entry, and forward induction [J] . Rand Journal of Economics, 1996, 28(1):82–106.

[99] BAIN J S. Barriers to new competition [M] . Cambridge, MA: Harvard University Press, 1956.

[100] BAIN J S. Industrial organization [M] . New York: John Wiley & Sons, Inc. Press, 1968.

[101] BAIN J S. Relation of profit rate to industry concentration: American manufacturing, 1936–1940 [J] . Quarterly Journal of Economics, 1951, 65(3):295.

[102] BALDWIN C Y, CLARK K B . Managing in an age of modularity [J] . Harvard business review, 1997, 75(5):84–93.

[103] BARZEL Y. Economic analysis of property rights [M] . New York: Cambridge University Press, 1997.

[104] BAUMOL W J, PANZAR J C, WILLIG R D. Contestable markets and the theory of industry structure [M] . New York: Harcourt Brace Jovanovich, Inc., 1982.

[105] BECKER S P. Public policies, pressure groups and dead weight costs [J] . Journal of Public Economics, 1985, 28(3):329–470.

[106] BECKER S P. Theory of competition among pressure groups for political influence [J] . Quarterly Journal of Economics, 1983, 98(3):371–400.

[107] BENOIT J P. Financially constrained entry in a game with incomplete information [J] . Rand Journal of Economics, 1984, 15(4):490–499.

[108] BERRY S, WALDFOGEL J. Free entry and social inefficiency in radio broadcasting [J] . Rand Journal of Economics, 1999, 30(3):397–420.

[109] BOS D. Privatization: a theoretical treatment [M] . Oxford:

Clarendon Press, 1991.

[110] BOVIS C H. Efficiency and effectiveness in public sector management: the regulation of public markets and public-private partnerships and its impact on contemporary theories of public administration [J]. European Public Private Partnership Law Heft, 2013(2):186-199.

[111] BRANDAO A, CASTRO S. State-owned enterprises as indirect instruments of entry regulation [J]. Journal of Economics, 2007, 92 (3): 263-274.

[112] CAIRNS R D. Exhaustible resoures, Non-convexity and competitive equilibrium [J]. Environment and Resources Economics, 2008 (40):177-193.

[113] CASSELS J M. Excess capacity and monopolistic competition [J]. Quarterly Journal of Economics, 1937, 51(3):426-443.

[114] CHAMBERLIN E H. The theory of monopolistic competition a re-orientation of the theory of value [M]. Cambridge: Harvard University Press,1939.

[115] CLARK K B, BALDWIN C Y. The power of modularity [M]. Cambridge: MIT Press, 1940.

[116] COASE R.The problem fo social cost [J]. Journal of Law and the Economic, 1960: 1-44.

[117] COLE M A, ELLIOTT R J R, SHIMAMOTO K. Industrial characteristics, environmental regulations and air pollution: an analysis of the UK manufacturing sector [J]. Journal of Environmental Economics & Management, 2005, 50(1):121-143.

[118] COLLINS N R, PRESON L E. Price-cost margins and industry structure [J]. Review of Econimics and Statistics, 1969:16-25.

[119] COMANOR W S, WILSON T A. Advertising market structure and performance [J]. Review of Econimics and Statistics, 1967, 49(4):425-426.

[120] COMMON M, SANYAL K. Measuring the depreciation of Australia's non-renewable resources: a cautionary tale [J]. Ecological Economics,

1998(26):23–30.

[121] COPELAND B R, TAYLOR M S. International trade and the environment: a framework for analysis [J]. NBER Working Paper, 2001, No.8540.

[122] COPELAND B R, TAYLOR M S. North–South trade and the environment [J]. The Quarterly Journal of Economics, 1994, 109(3):755–787.

[123] COPELAND B R, TAYLOR M S. Trade, growth and the environment [J]. Journal of Economic Literature, 2004 (42):7–71.

[124] CUMMINGS R G. Some extensions of the economic theory of exhaustable resources [J]. Western Economics Journal. 1969, 7(3):201–210.

[125] DALY H E. Toward some operational principles of sustainable development [J]. Ecological Economics, 1990, 2(1):1–6.

[126] DASGUPTA P, HEAL G M. The Optimal depletion of exhaustible resources [J]. Review of Economic Studies, 1974, 41(5):3–28.

[127] DEMSETZ H. The cost of transaction [J]. The Quarterly Journal of Economics. 1968(82): 33–53.

[128] DEMSSETZ H. Industry structure, market rivalry and public [J]. Journal of Law and Economics, 1973, 16(1):3.

[129] DINAR A, NIGATU G S. Distributional considerations of international water resources under externality: the case of Ethiopia, Sudan and Egypt on the Blue Nile [J]. Water Resources and Economics, 2013, 2–3:1–16.

[130] DIXIT A. A model of duopoly suggesting a theory of entry barriers [J]. Bell Journal of Economics, 1979, 10(1):20–32.

[131] DJANKOV S, LAPORTA R, LOPEZ–DE–SILANES F, et al. The regulation of entry [J]. Quarterly Journal of Economics, 2002, 117(1):1–37.

[132] DOMOWITZ I, PETERSEN H B C. Business cycles and the relationship between concentration and price–cost margins [J]. Rand Journal of Economics, 1986, 17(1):1–17.

[133] DOMOWITZ, et al. Oligopoly super–games: some empirical evidence on

prices and margins [J] . Journal of Industrial Economics, 1987, 35(4): 379–98.

[134] DOUGLASS C N. Institutions, institutional change and economic performance [M] . Cambridge University Press, 1990.

[135] ECKBO B E, WIER P. Antimerger policy under the Hart–Scott–Rodino Act: a re–examination of the market power hypothesis [J] . Journal of Law and Economics, 1985, 28(1): 119–49.

[136] ESTEBAN E, DINAR A.Cooperative management of groundwater resources in the presence of environmental externalities [J] . Environmental Resource Econcomics, 2013(54): 443–469.

[137] ETHIRAJ S K, LEVINTHAL E D. Modularity and innovation in complex systems [J] . Management Science, 2004(2):14–24.

[138] FERSHTMAN C. The interdependence between ownership status and market structure: the case of privatization [J] . Economica (New Series), 1990, 57(227):319–328.

[139] FISHER A C, DEVARAJAN S. Hotelling' s economics of exhaustible resource fifty years later [J] . Journal of Economic Literature, 1982:23–34.

[140] FRAJA G D, DELBONO F. Alternative strategies of a public enterprise in oligopoly [J] . Oxford Economic Papers, 1989, 41(2):302–311.

[141] FREDRIKSSON P G, LIST J A, MILLIMET D L. Bureaucratic corruption, environmental policy and inbound US FDI: theory and evidence [J] . Journal of Public Economics, 2003, 87(7):1407–1430.

[142] GHOSH A, MORITA H. Free entry and social efficiency under vertical oligopoly [J] . Rand Journal of Economics, 2007(38–2):541–554.

[143] GILBERT R J. Optimal depletion of an uncertain stock [J] . Review of Economic Study, 1979, 17(2):319–31.

[144] GILBERT R, LIEBERMAN M. Investment and coordination in oligopolistic industries [J] . Rand Journal of Economics, 1987,18(1):17–33.

[145] GROSSMAN G M, KRUEGER A B. Environmental impacts of a North American Free Trade Agreement [J] . National Bureau of Economic Research

Working Paper Series, 1991, No. 3914(3914):1–57.

[146] GRUBER H, VERBOVEN F. The evolution of markets under entry and standards regulation—the case of global mobile telecommunications [J] . International Journal of Industrial Organization, 2001(19):1189–1212.

[147] GU Y, WENZEL T. A note on the excess entry theorem in spatial models with elastic demand [J] . International Journal of Industrial Organization, 2009, 27(5):567–571.

[148] HANSEN B E. Sample splitting and threshold estimation [J] . Econometrica, 2000,68(3): 575–603.

[149] HARTWICK J M. Intergenerational equity and the investing of rents from exhaustible resources [J]. American Economic Review, 1977, 67(5): 972–974.

[150] HEAL G M. The relationship between price and extraction cost of a resource with a backstop technology [J] . Bell Journal Economics, 1976, 7(2):371–78.

[151] HOTELLING H. The economics of exhaustible resources [J] . The Journal of Political Economy, 1930(39–2):137–175.

[152] HUNYA G. Restructuring through FDI in Romanian manufacturing [J] . Economic Systems, 2002, 26:387–394.

[153] KIM J. Inefficiency of subgame optimal entry regulation [J] . Rand Journal of Economics, 1997,28: 25–36.

[154] KIPPENBERG E. Sectoral linkages of foreign direct investment firms to the Czech economy [J] . Research in International Business & Finance, 2005, 19(2):251–265.

[155] KOLSTAD C D. Environmental economics [M] . Oxford University Press, 2010.

[156] KONISKY D M. Regulatory competition and environmental enforcement: is there a race to the bottom? [J] . American Journal of Political Science, 2007, 51(4):853–872.

[157] KREPS D M, SCHEINKMAN J A. Quantity pre–commitment and

Bertrand competition yield Cournot outcomes [J] . Bell Journal of Economics, 1983, 14(2):326–337.

[158] KUWAYAMA Y, BROZOVIĆ N. The regulation of a spatially heterogeneous externality: tradable groundwater permits to protect streams [J] . Journal of Environmental Economics and Management,2013 (66): 364–382.

[159] LAFFONT J J, MARTIMORT D. Collusion and delegation [J] . Rand Journal of Economics, 1998, 29(2):280–305.

[160] LAFFONT J J, MARTIMORT D. Mechanism design with collusion and correlation [J] . Journal of the Econometric Society, 2000, 68(2):309–342.

[161] LAFFONT J J, MARTIMORT D. Separation of regulators against collusive behavior [J] . Rand Journal of Economics, 1999, 30(2):232–262.

[162] LAFFONT J J, MARTIMORT D.Collusion under asymmetric information [J] . Econometrica, 1997, 65(4): 875–911.

[163] LAFFONT J J, TIROLE J.The politics of government decision–making: a theory of regulatory capture [J] . Quarterly Journal of Economics, 1991, 106(4): 1089–1270.

[164] LANGLOIS R N. Modularity in technology and organization [J] . Journal of Economic Behavior & Organization, 2000, (49):35–45.

[165] LI J C, YU L H. Double externalities, market structure and performance: an empirical study of Chinese unrenewable resource industries [J] . Journal of Cleaner Production, 2016, 126:299–307.

[166] LI J C, YU L H. How does state–owned shares affect double externalities and industrial performance: evidence from China' s exhaustible resources industry [J] . Journal of Cleaner Production, 2018, 176:920–928.

[167] LI J C, YU L H. Reward and punishment mechanism in a vertical safety regulation system: A transferred prisoner' s dilemma [J] . Modern Economy, 2015, 6(5):552–562.

[168] LIBECAP G D. Contracting for property rights [M] . New York: Cambridge University Press, 1989.

［169］LIPMAN B L. Delaying or deterring entry: a game theory analysis［J］. Journal of economic dynamics and Control, 1990, 14(3/4):685–708.

［170］LIVERNOIS J. On the empirical significance of the Hotelling Rule［J］. Review of Environmental Economical Policy, 2009, 3(1): 22–41.

［171］MAGGI G. Strategic trade policies with endogenous mode of competition［J］. American Economic Review, 1996, 86(1):237–258.

［172］MANKIW N G, WHINSTON M D. Free entry and social inefficiency［J］. Rand Journal of Economics, 1986(17):48–58.

［173］MARTIMORT D. Exclusive dealing, common agency, and multiprincipals incentive theory［J］. Rand Journal of Economics, 1996, 27(1):1–31.

［174］MATSUMURA T, KANDA O. Mixed oligopoly at free entry markets［J］. Journal of Economics, 2005 (84):27–48.

［175］MATSUMURA T, OKUMURA Y. Comparison between specific taxation and volume quotas in a free entry Cournot oligopoly［J］.Journal of Economics, 2014(113):125–132.

［176］MATSUMURA T. Entry regulation and social welfare with an integer problem［J］. Journal of Economics, 2000, 71(1): 47–58.

［177］MATSUMURA T. Partial privatization in mixed duopoly［J］. Journal of Public Economics, 1998 (70): 473–483.

［178］MATSUSHIMA N. Industry profit and free entry in input markets［J］. Economics Letters, 2006, 93(1):329–336.

［179］MORETTI H. Can free entry be inefficient? fixed commissions and social waste in the real estate industry［J］. Journal of Political Economy, 2003, 111(5): 1076–1122.

［180］MUKHERJEE A. Excess–E theorem: the implicattions of livensing［J］. Manchester School, 2008, 76(6):675–689.

［181］MULLIN G L, et al. The competitive effects of mergers: stock market evidence from the US steel dissolution suit［J］. Rand Journal of Economics, 1995, 26(2):314–330.

[182] OPLER T C, TITMAN S. Financial distress and corporate performance [J]. Journal of Finance, 1994(38):163–184.

[183] OTHMAN J, JAFARI Y. Accounting for depletion of oil and gas resources in Malaysia [J]. Natural Resources Research, 2012,21(4): 483–494.

[184] PANAYOTOU T. Economic Growth and the Environment [J]. Value Engineering, 2011, 110(2):277–284.

[185] PARASKEVOPOULOS D, PITELIS C N. An econometric analysis of the determinants of capacity expansion investment in the Western European chemical industry [J]. Management and Decision Economics, 1995, 16(6):619–32.

[186] PEARCE D. Economics and the global environmental challenge [J]. Journal of International Studies, 1990(19):365.

[187] PELTZMAN S. Toward a more general theory of regulation [J]. Journal of Law and Economics, 1976,19(2):211–241.

[188] PETERSON F M, FISHER A C. The exploitation of extractive resources: a survey [J]. Economics Journal, 1977, 87(348):681–721.

[189] PREBISCH R. The economic development of Latin America and its principal problems [J]. Economic Bulletin for Latin Amertca, 1962, 7(1):1.

[190] REDDY V R. Hydrological externalities and livelihoods impacts: informed communities for better resource management [J]. Journal of Hydrology, 2012:279–290.

[191] ROBERT C D. The green paradox of the economics of exhaustible resources [J]. Energy Policy, 2013(65):78–85.

[192] SALOP S C. Monopolistic competition with outside goods [J]. Bell Journal of Economics, 1979(10):141–156.

[193] SARWAR S, PERVAIZ M K. An empirical investigation between trade liberalization and corruption: a panel data approach [J]. Journal of Economics and Sustainable Development, 2013, 4(3):179–189.

[194] SCHILLING M A, STEENSMA H K. The use of modular organizational forms: an industry–level analysis [J]. Academy of Management Journal, 2001,

44(6): 1149–1168.

[195] SCOTT J T, PASCOE G. Beyond firm and industry effects on profitability in imperfect market [J] . Review of Economics and Statistics, 1986, 68(2):284–292.

[196] SERAFY EI. Absorptive capacity, the demand for revenue, and the supply of petroleum [J] . Journal of Energy and Development, 1981(8):45–56.

[197] SERAFY EI. Depletion of Australia' s non–renewable natural resources: a comment on common and sanyal [J] . Ecological Economics, 1999(30): 357–363.

[198] SHEPHERD W G.The elements of market structure [J] . Review of Economics and Statistics, 1972, 54(1):25–37.

[199] SHY O. A quick–and–easy method for extimating switching costs [J] . International Journal of Industrial Economics, 2001(19).

[200] SINN H W. Public policies against global warming: a supply side approach [J] . International Tax Policy Public Finance, 2008(15):360–394.

[201] SINN H W. Sales taxes, oil extraction and the common pool problem [J] . Lang: Frankfurt and Bern, 1982:83–103.

[202] SOLOW R M, FREDERIC Y W. Extraction costs in the theory of exhaustible resources [J] . Bell Journal of Economics, 1976, 7(2):359–370.

[203] SOLOW R M. Intergenerational equity and exhaustible resources [J] . Review of Economics Study, Symposium, 1974: 29–46.

[204] SOLOW R M. The economics of resources or the resources of economics [J] . American Econimic Association, 1974,64(2):1–13.

[205] SPENCE A M. Entry, capacity, investment oligopolistic pricing [J] . Bell Journal of Economic, 1977, 8(2):534–44.

[206] SPENCE A M. Entry, investment, and oligopolistic pricing [J] . Bell Journal of Economics, 1976a, 8(2):534–544.

[207] SPENCE A M. Product section, fixed cost, and monopolistic competition [J] . Bell Journal of Economics, 1976b, (8–2):534–544.

[208] STIGLER G J. Capital and rates return in manufacturing [M]. Princeton University Press, 1963.

[209] STIGLER G J. The theory of economic regulation [J]. Journal of Economics and Management Science, 1971, 2(1):3–21.

[210] STILLMAN R. Examining antitrust policy towards horizontal mergers [J]. Journal of Finical Economics, 1983(11):225–40.

[211] STONE A. Regulation and its alternatives [J]. Washington, DC. Congressional Quarterly Press, 1982, 18(6):503–505.

[212] SUZUMURA K, KIYONO K. Entry barriers and economic welfare [J]. Review of Economic Study, 1987(54):157–167.

[213] TIROLE J. The internal organization of government [J]. Oxford Economic Papers, 1994, 46(1):1–29.

[214] VISCUSI K W, VERNON J M, et al. Economics of regulation and antitrust [M]. MIT Press, 2000.

[215] WATERSON M. Regulation of the firm and natural monopoly [M]. Oxford: Basil Blackwell, 1988.

[216] WEIZSACKER C C V. A welfare analysis of barriers to entry [J]. Bell Journal of Economics, 1980, 11(2):399–420.

[217] WILLIAMSON O E. Transaction cost economics: the natural progress [J]. American Economic Review, 2010, 100(3): 673–90.

[218] YOUNG C E F, MOTTA R S D. Measuring sustainable income from mineral extraction in Brazil [J]. Resources Policy, 1994, Vol. 21:113–125.

[219] YU L H, LI J C. Dynamic evolutions and research advances of "Structure–Conduct–Performance" Hypothese [J].Economic Management Journal, 2016(5): 9–15.

[220] ZAFAR F. Impact of trade liberalization and corruption on environmental degradation in Pakistan [J]. Journal of Finance and Economics, 2013, 1(4): 84–89.

后 记

本书是基于我的博士毕业论文调整修改而成。我在2016年5月18日完成博士论文答辩，整个书稿的创作主要在2013—2016年间完成，2017—2019年对书中部分内容做了删减和增加，因此书中数据大都截至2015年前后，部分更新至2018年。书稿的修改完成时间恰逢我的儿子出生，我常把这份书稿称为他的“双生兄弟”。但这份书稿“孩子”我却整整“孕育”了8年。回想起来，全书不过数十万字，却见证了我从2010年开始在华东理工大学度过的8年时光。从我懵懂无知地迈入产业经济学这个领域，途中在无尽的黑暗中不断探索彷徨，时至今日书稿完成，我方才感觉到，在广阔的知识海洋中我所领悟的，只是冰山一角而已。

在8年的学习过程中，每一点进步无不倾注了我的恩师——华东理工大学商学院于立宏教授悉心耐心的指导和无微不至的关怀。记得2010年的秋天第一次和导师见面时，于立宏教授并没有讲授任何的专业知识，而是对所有新入学的学生提出要求：禁止任何的学术不端行为。正是于教授的严格要求和谆谆教导，让我树立了、坚守了做研究、做学问还有做人最基本的道德底线。与学术研究方面获得的教导相比，这应该是我最该感谢于立宏教授的地方。

拜师的6年时间，无论是学习上还是生活中，于立宏教授都给予我莫大的鼓励和帮助。每一次的文献讨论，每一次的论文纠错，她都用最大的耐心指导我，让我看到了做学问时的严谨态度。更重要的是，她让我看到了身为一个学者，对学术的热情和臻于至善，对生活的热爱和淡泊名利。如果说，这些年我获得的学术成果算是一种收获，那么我更愿意赋予高价的是从于立宏教授身上感受到的治学态度和为人准则。

另一位要感谢的是我在美国公派留学期间遇到的导师秦承忠教授。当我孤身一人在万里之遥的异乡闯荡时，秦承忠教授的帮助和鼓励给予我莫大的温暖，让我变得坚强和勇敢。在学术上，他的很多思路见解都有另辟蹊径的独到看法，让我明白做研究与以往单纯的学习是有本质区别的。是秦承忠教授教会我质疑，让我敢于创新。

我还要真诚感谢完成这项研究期间遇到的每一位老师。孔令丞教授虽不是我的导师，但是因为研究方向相似，每次学术组会、学术报告，她都会非常耐心地对我的论文提出修改意见，提出新的思路。另外，我曾经不止一次地在论文遇到难点时，向杨剑侠教授、李佑平教授、杨上广教授、蒋士成老师求教。2016—2018年，我在华东理工大学商学院经济系做博士后的两年时间，许多老师和同事都给予我莫大的帮助，尤其是我的合作导师吴玉鸣教授，他在学术、生活方面为我提供支持，引导我确立自己独立的研究方向，申请和完成各项课题。当然，还要感谢帮助完善修改本书的评审老师，包括我博士论文的评审、答辩老师，他们是上海交通大学管理学院高汝熹教授、复旦大学管理学院郁义鸿教授、上海财经大学校长蒋传海教授。还有本书出版社的各位编辑和评审老师，在此一并致谢。

这条“痛并快乐”的学术之路上，我体会到什么是煎熬、什么是喜悦、什么是天道酬勤、什么是功到自然成。这段时光，是我30年的人生中最美好的年华，也是最值得奋斗的年华。从18岁离家求学至今，每一天都累积了家人对我的牵挂，如果没有家人全力的支持，我想我根本不会坚持到今天。如果说我有什么成就，我愿意悉数奉上，来回馈我的每一个亲朋，我的祖父母，我的父母，还有我的先生和孩子、同学和挚友，感谢你们。

一路走来，我所获得的帮助、支持和鼓励，其实远不够用这篇短短的后记来表达。要感恩的太多，多到我总担忧自己是不是合格，是不是获得了应该汲取的知识精华，是不是没有辜负他们的期望。

心有戚戚，前路任重而道远，我将继续砥砺前行。

另外，受时间和研究能力所限，本书尚有诸多不足之处，敬请各位读者不吝赐教。